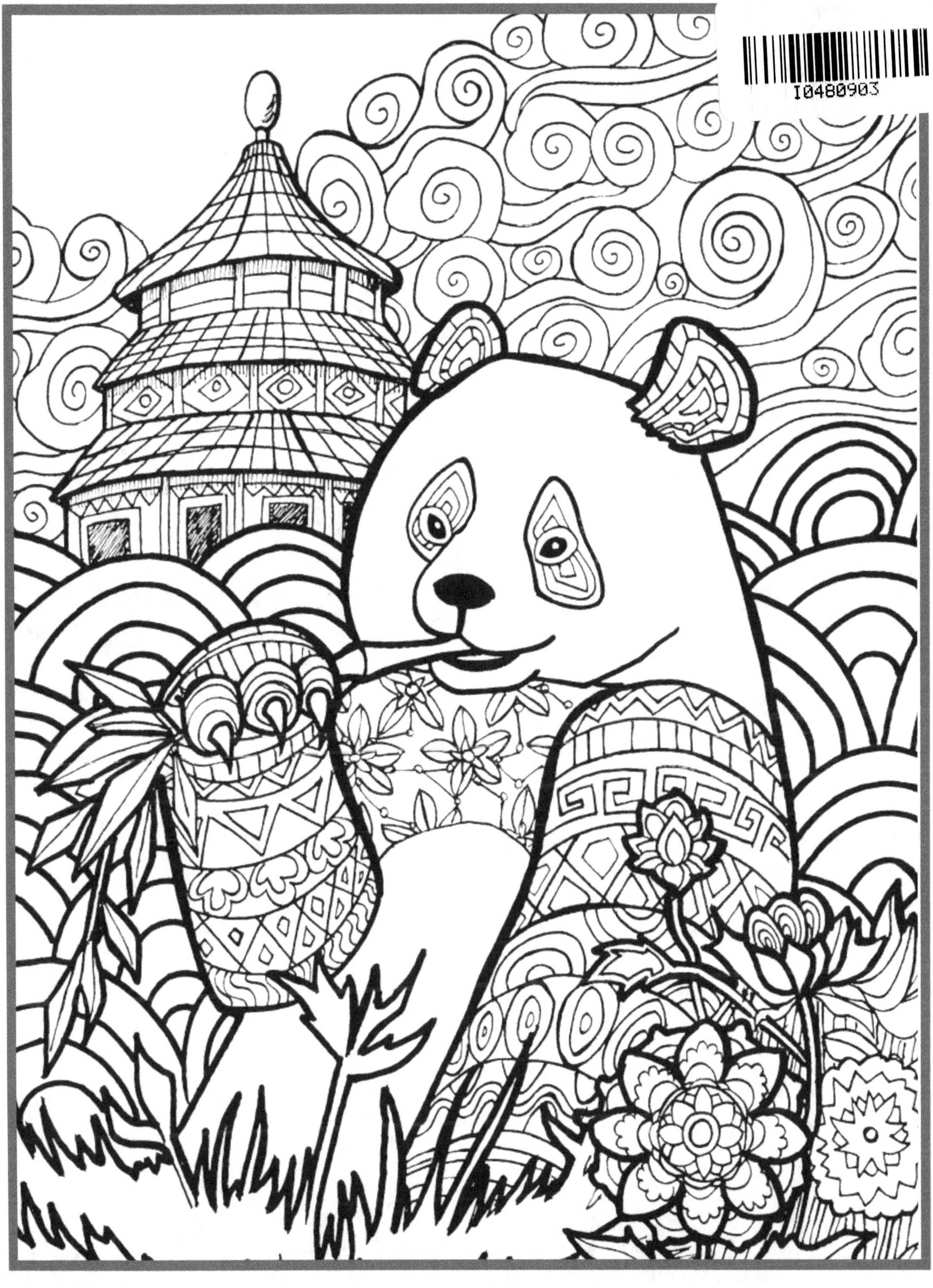

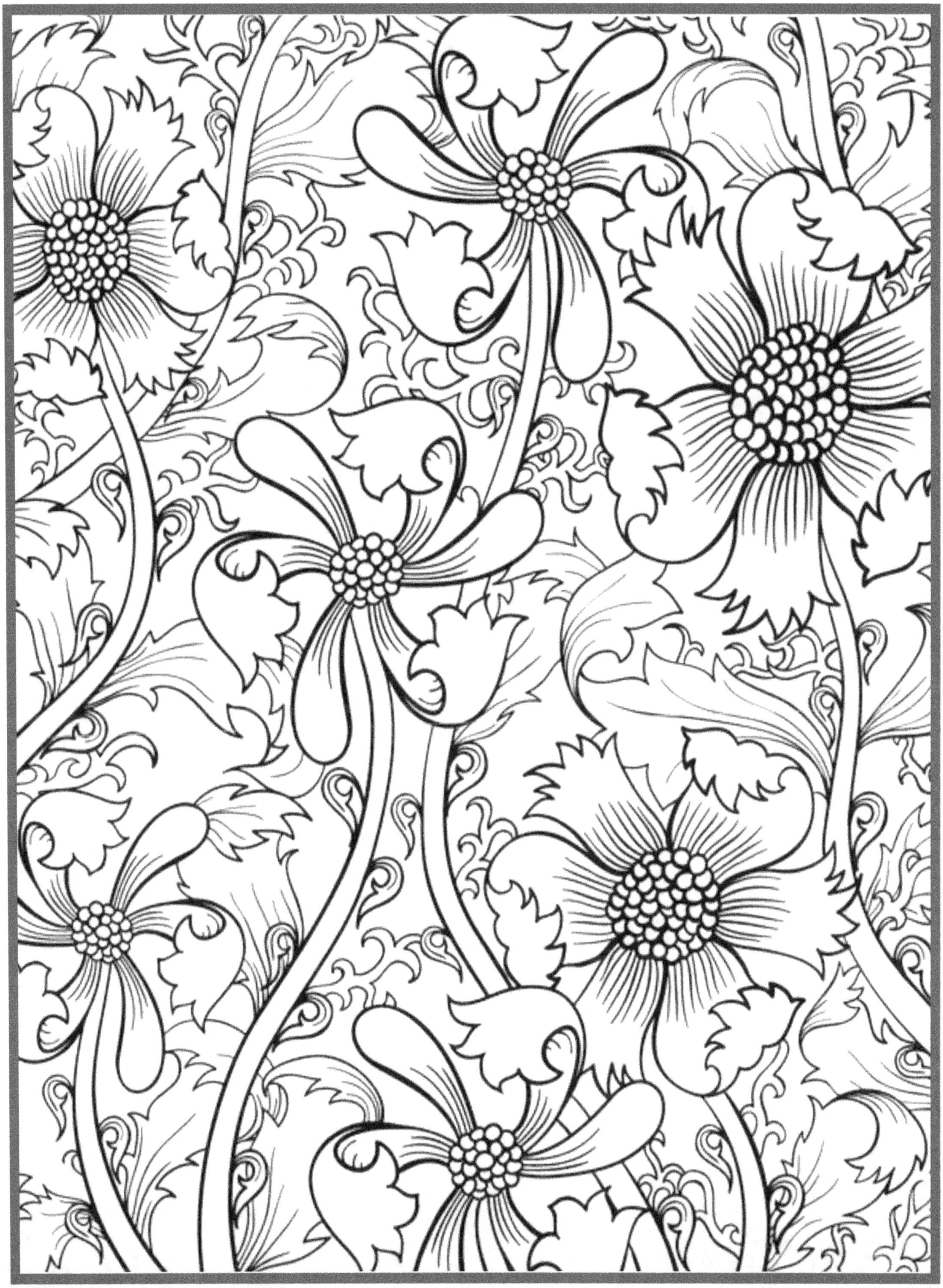

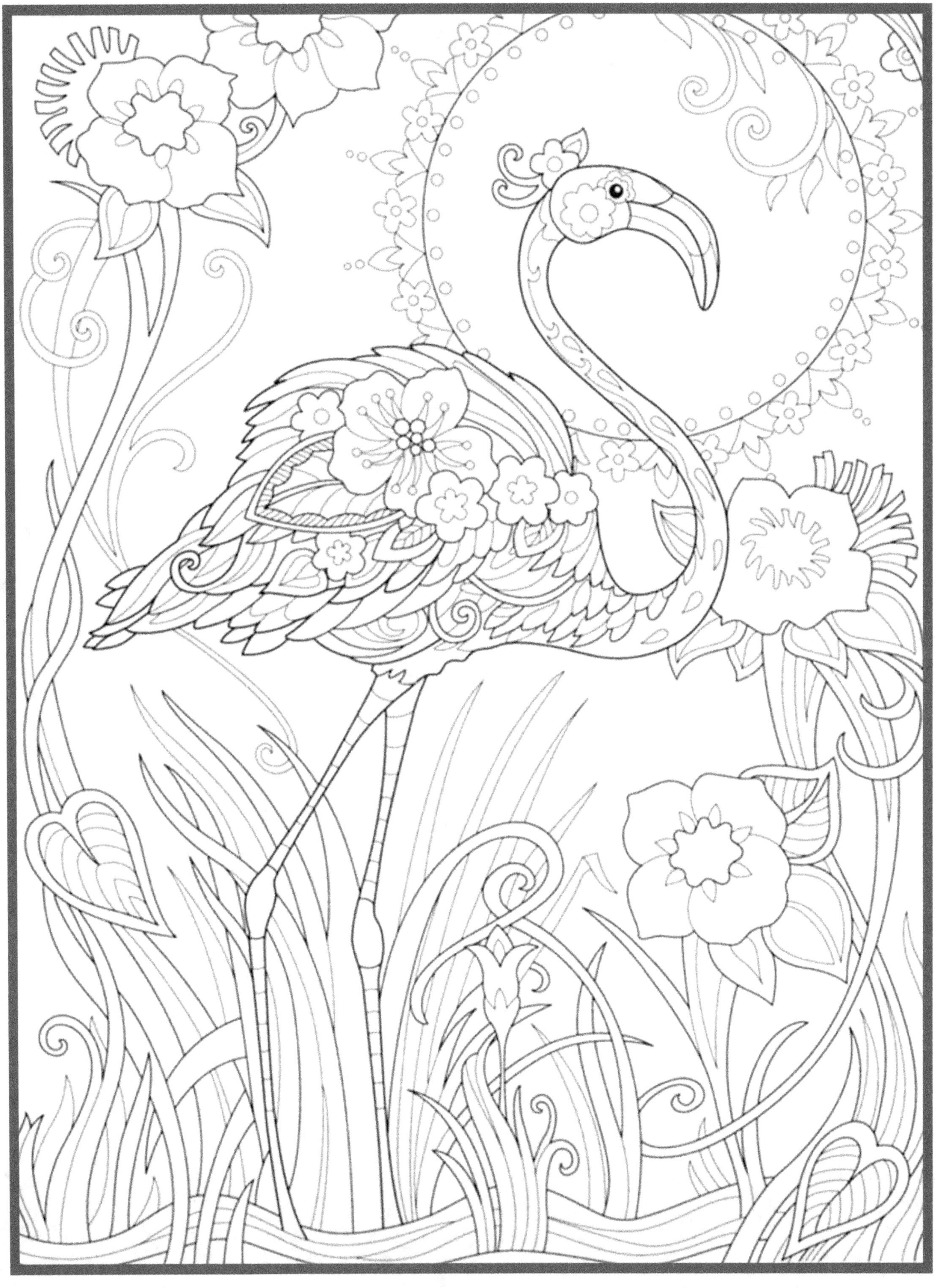

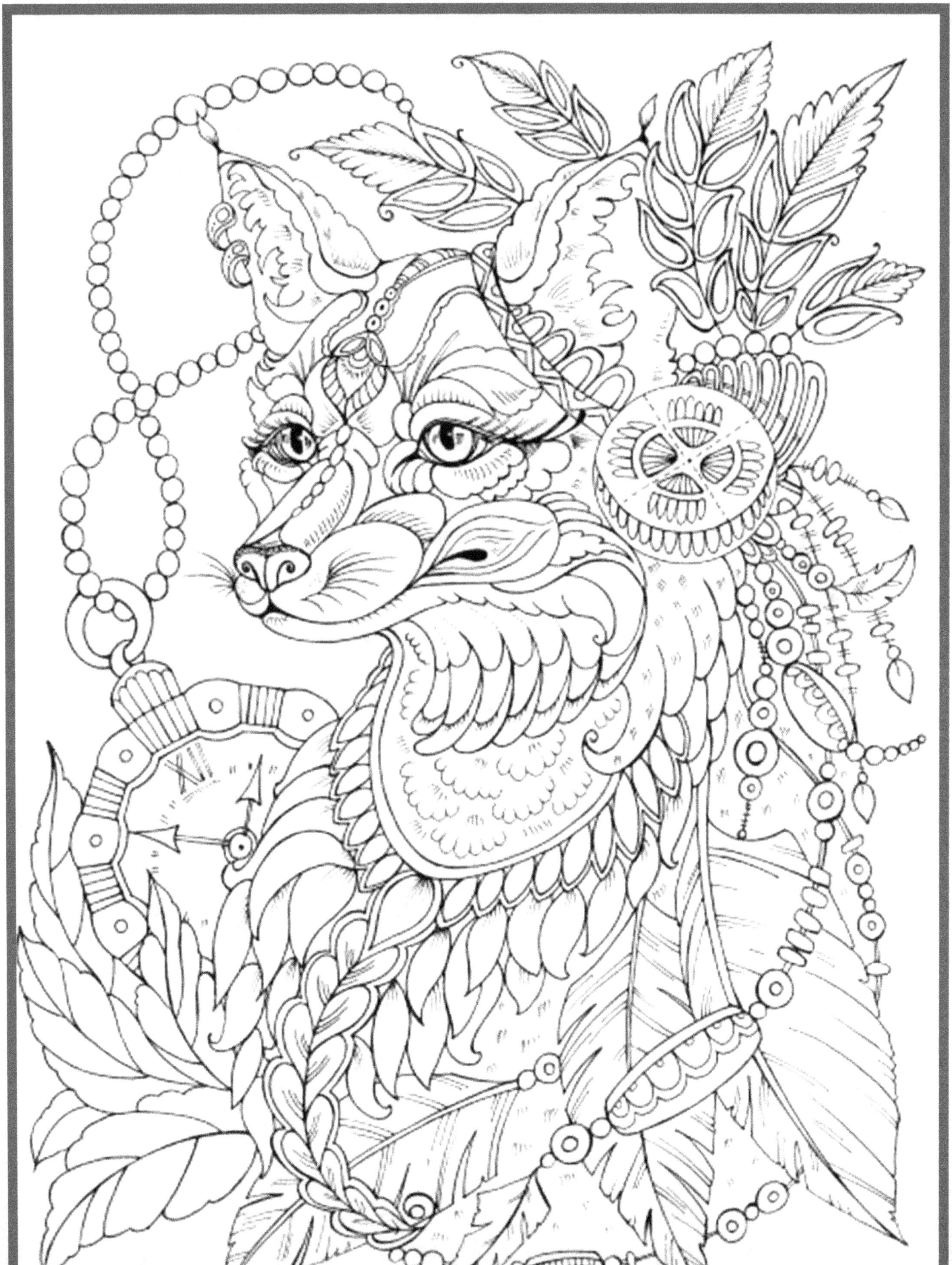

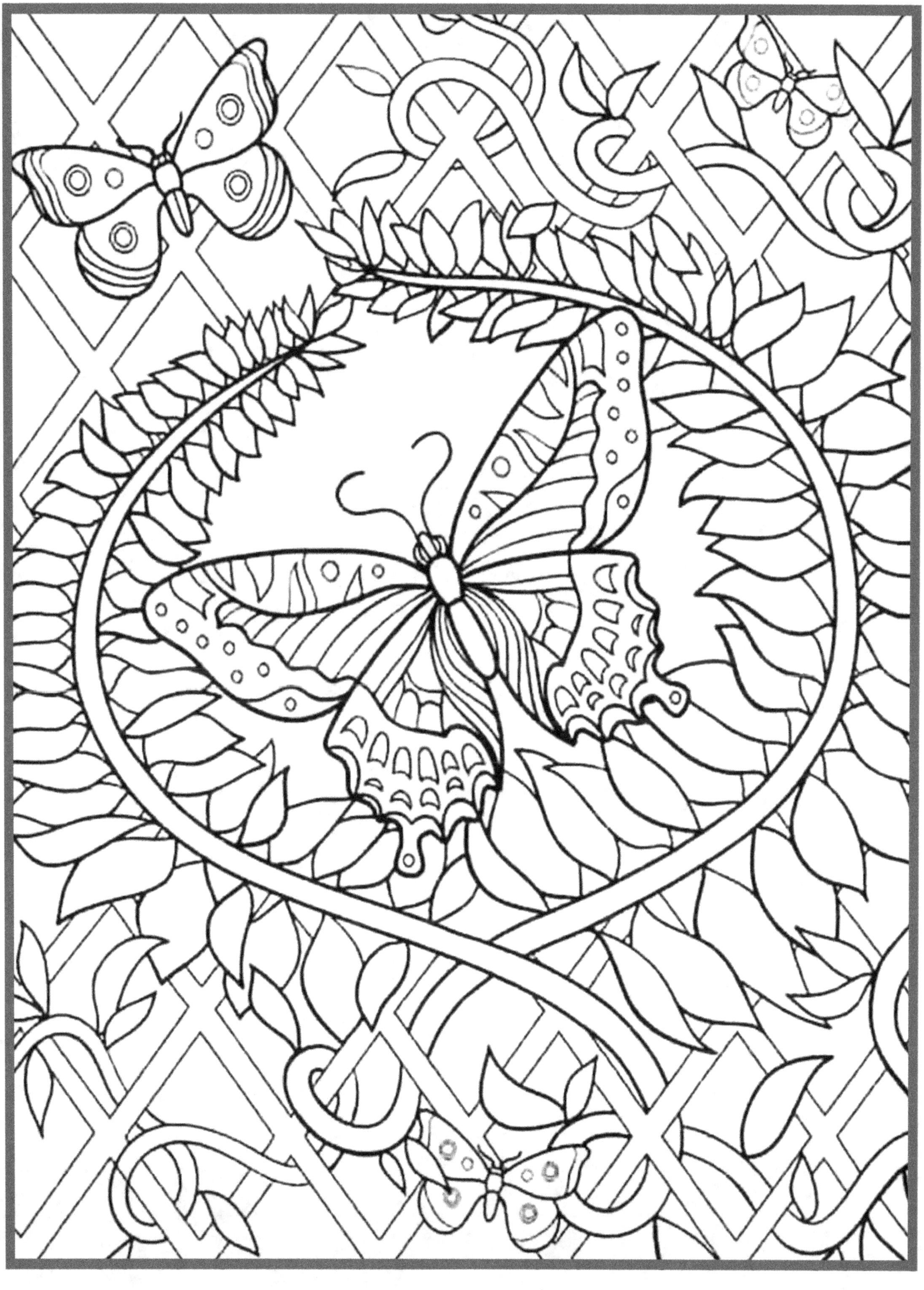

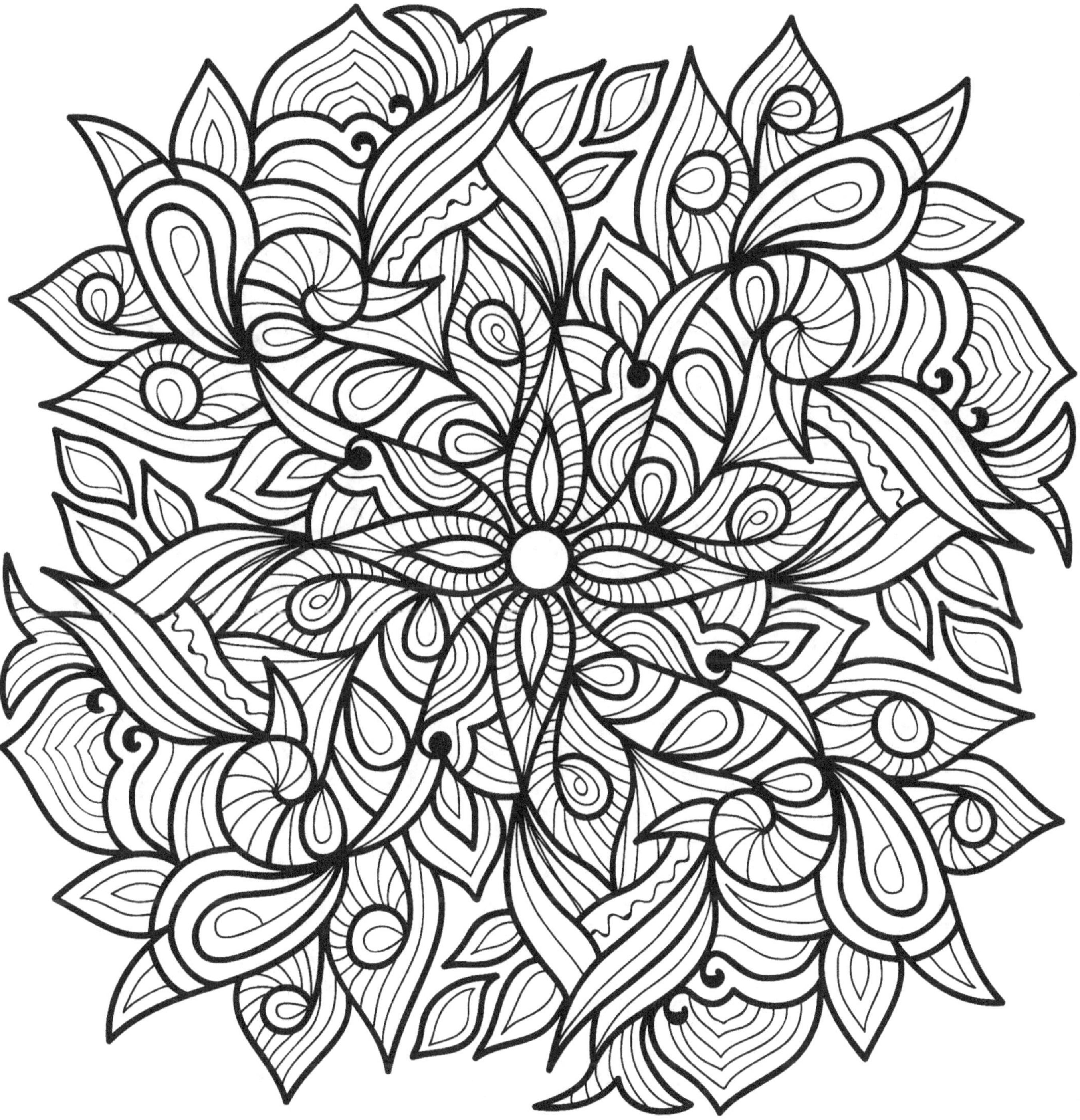

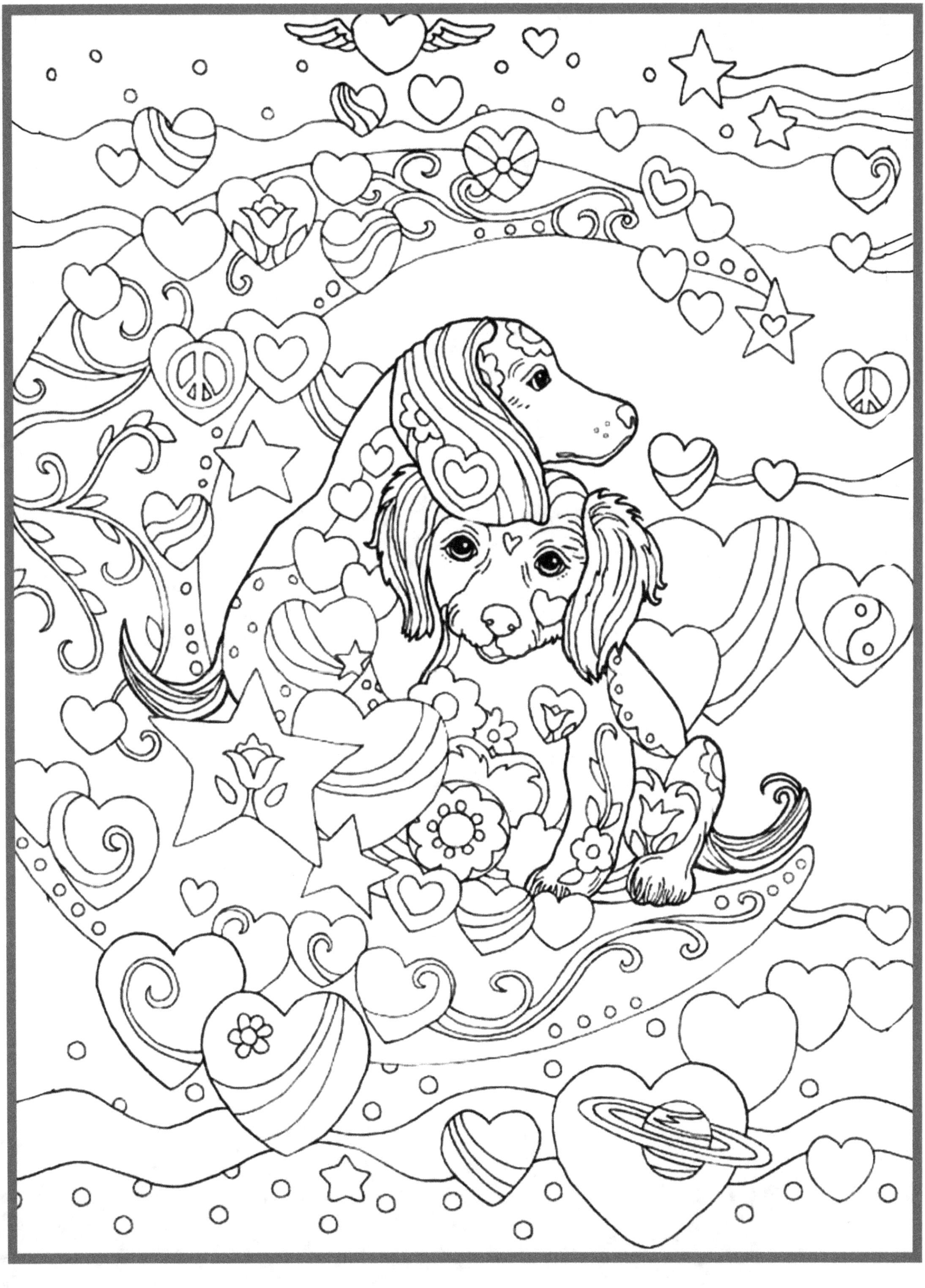

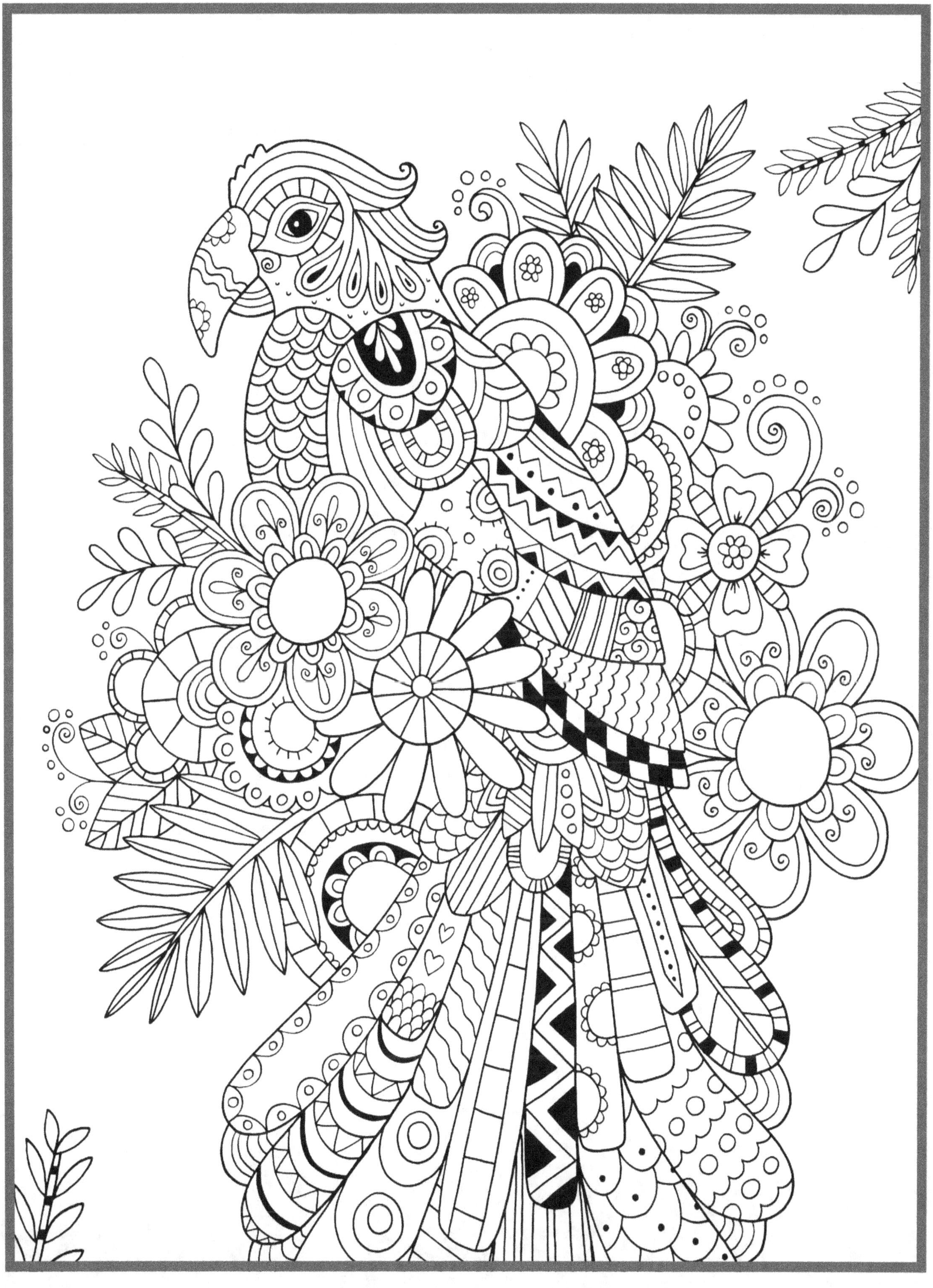

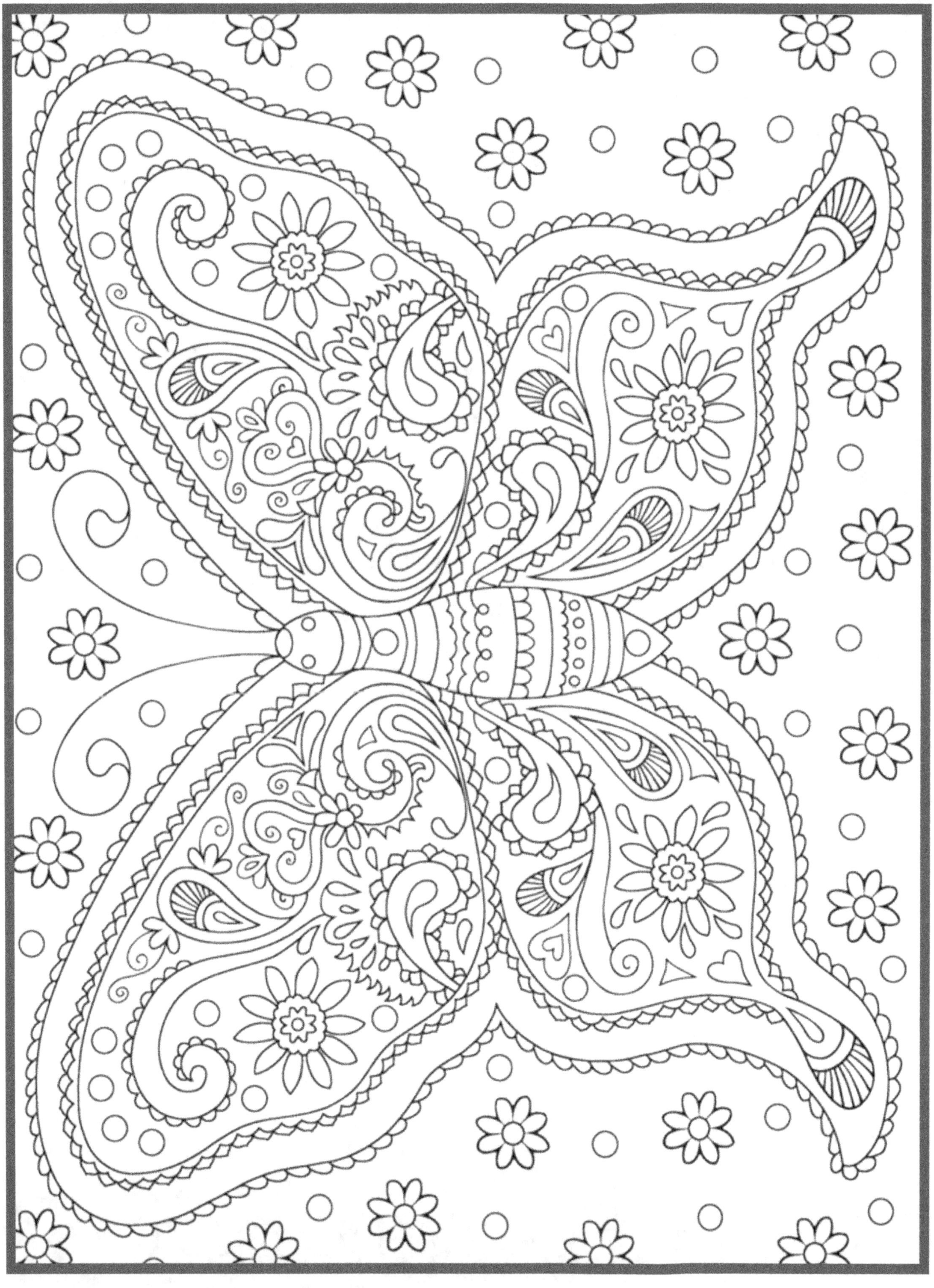

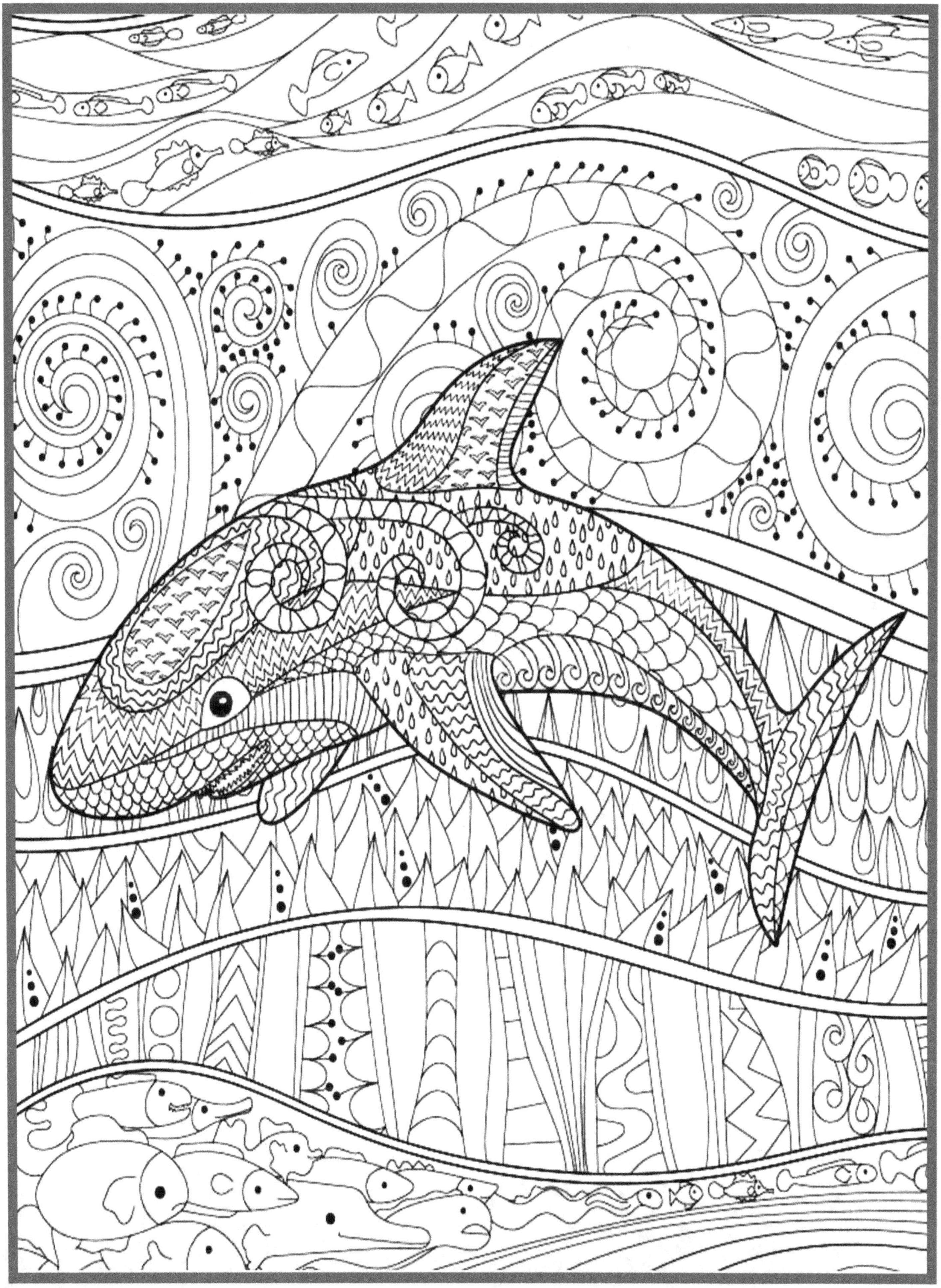

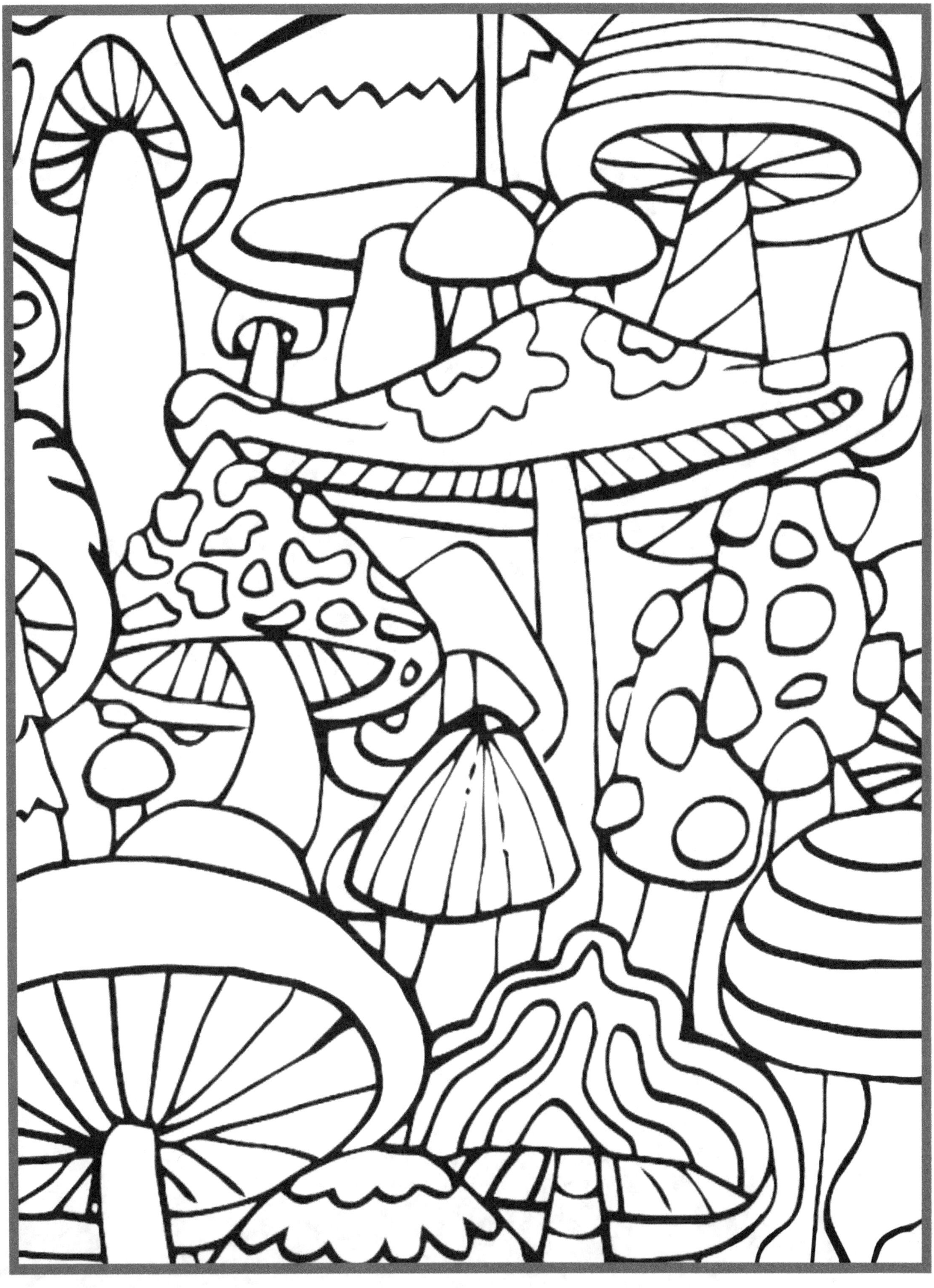

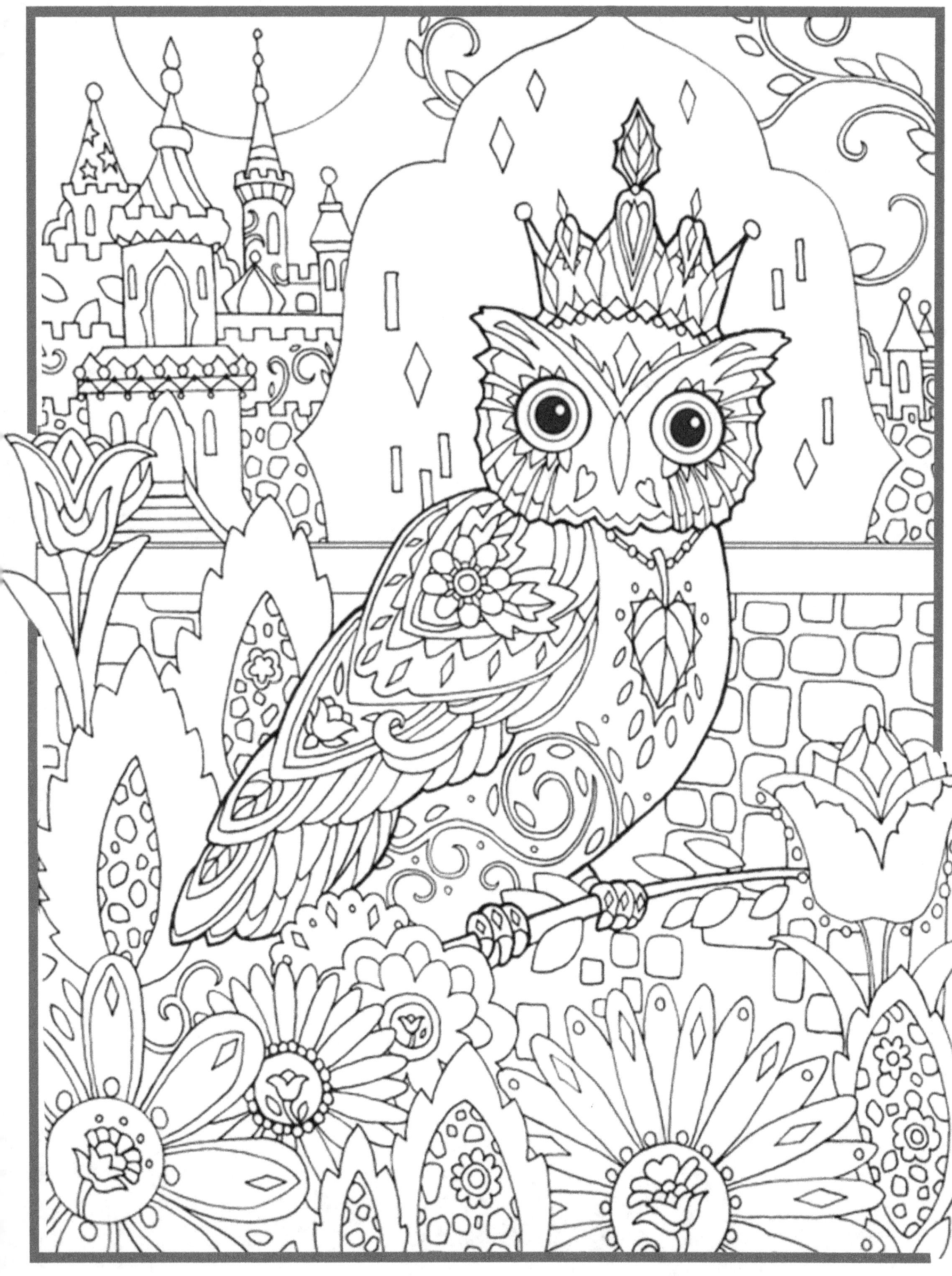

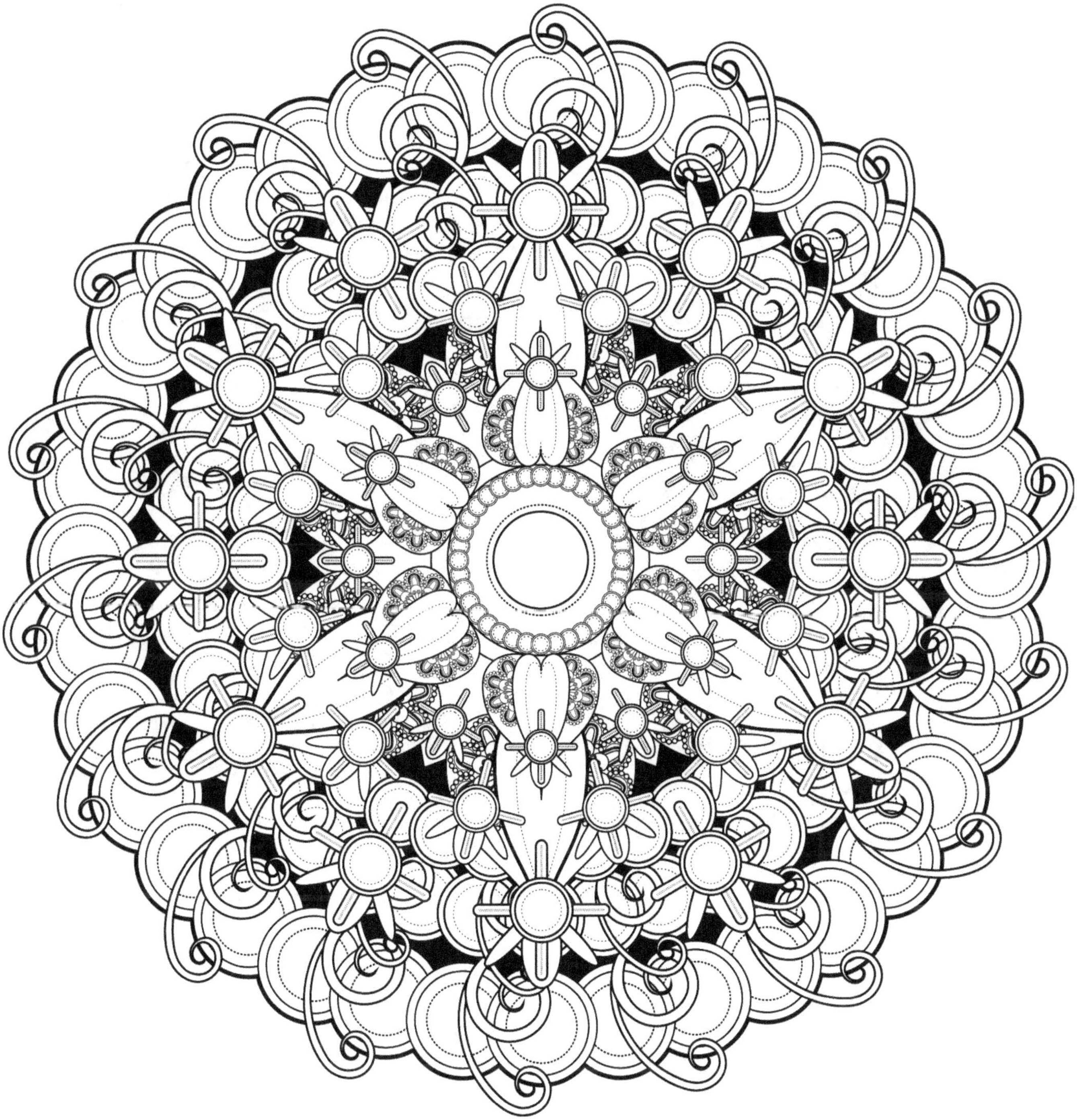

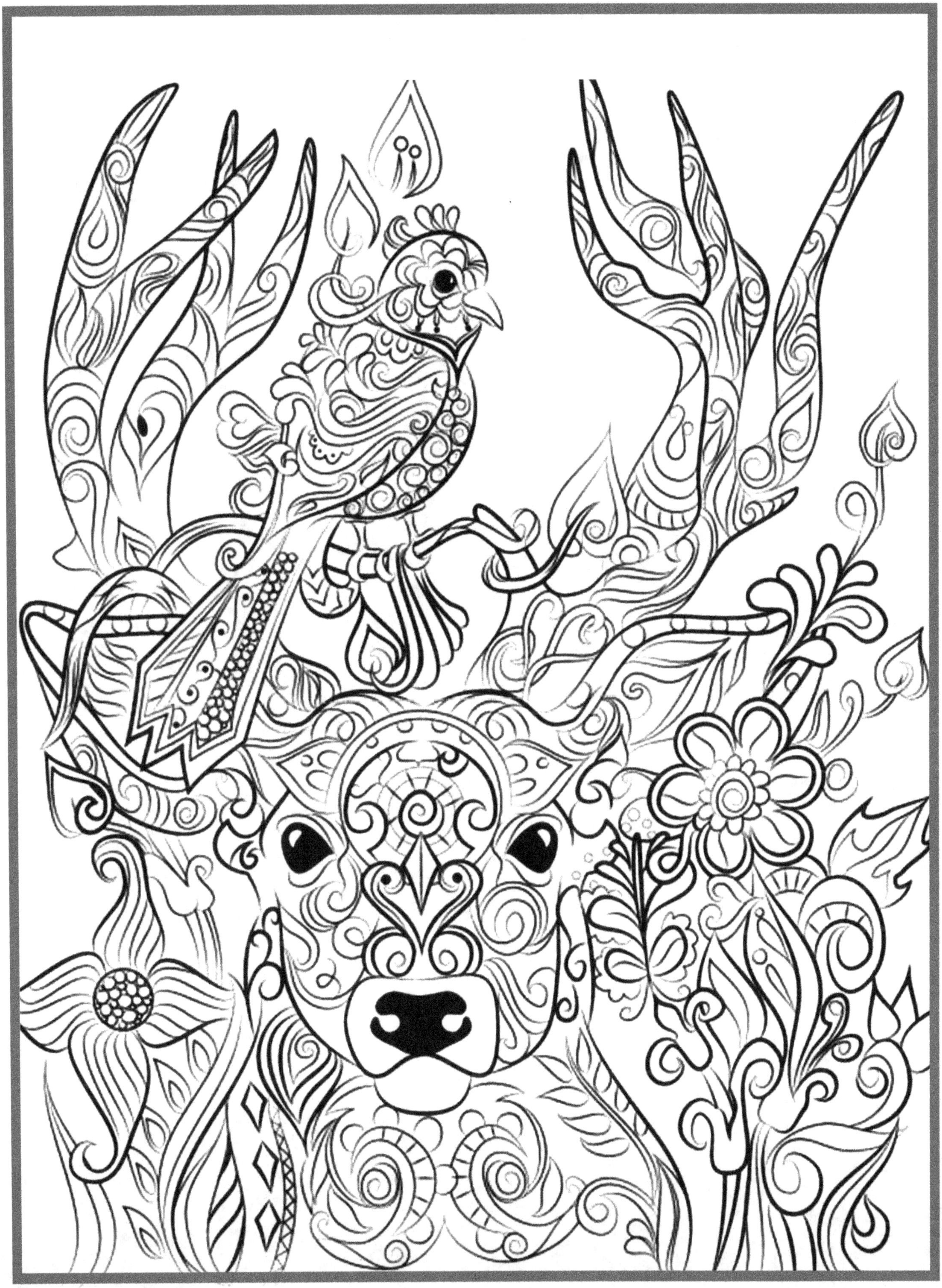

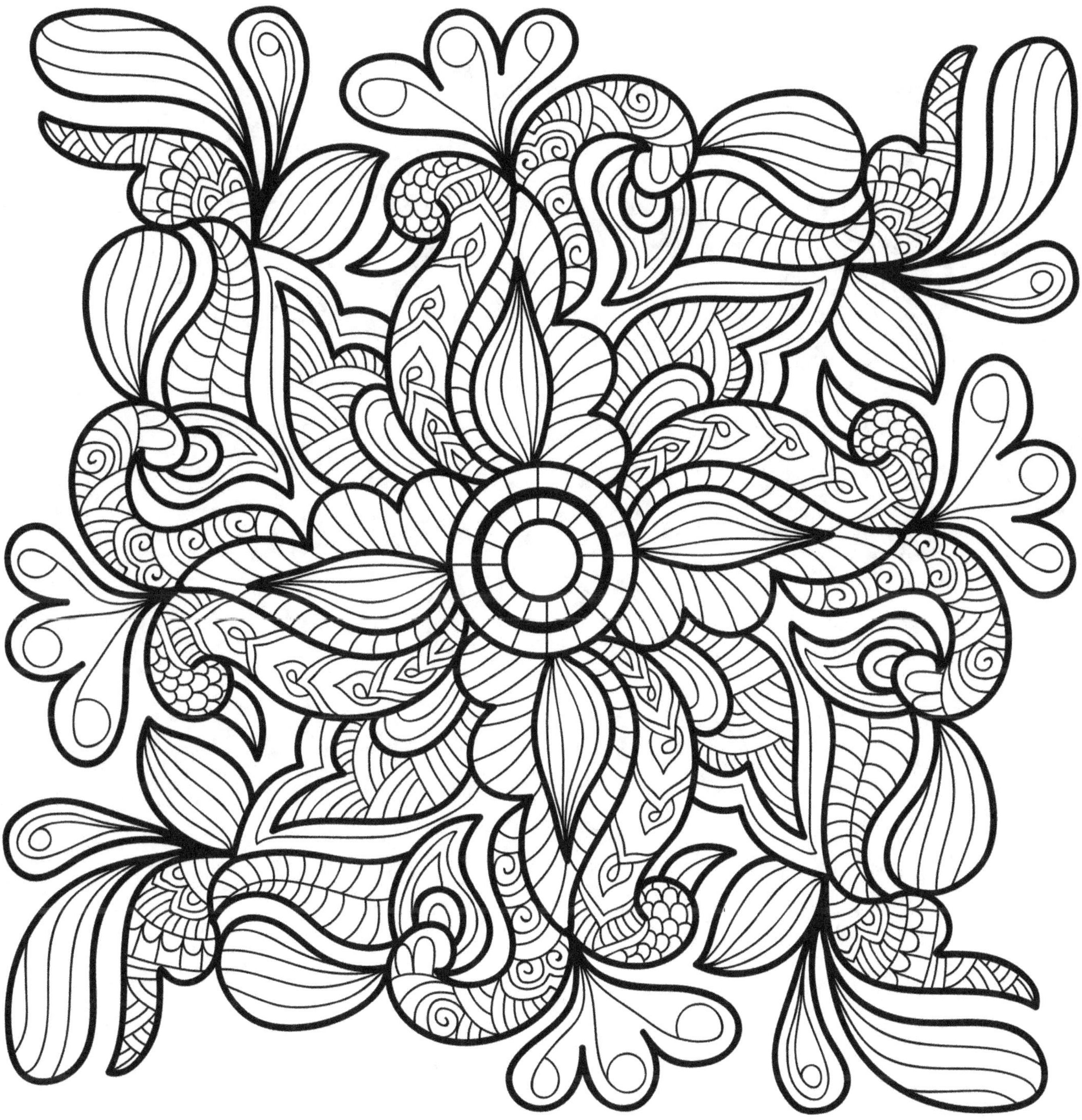

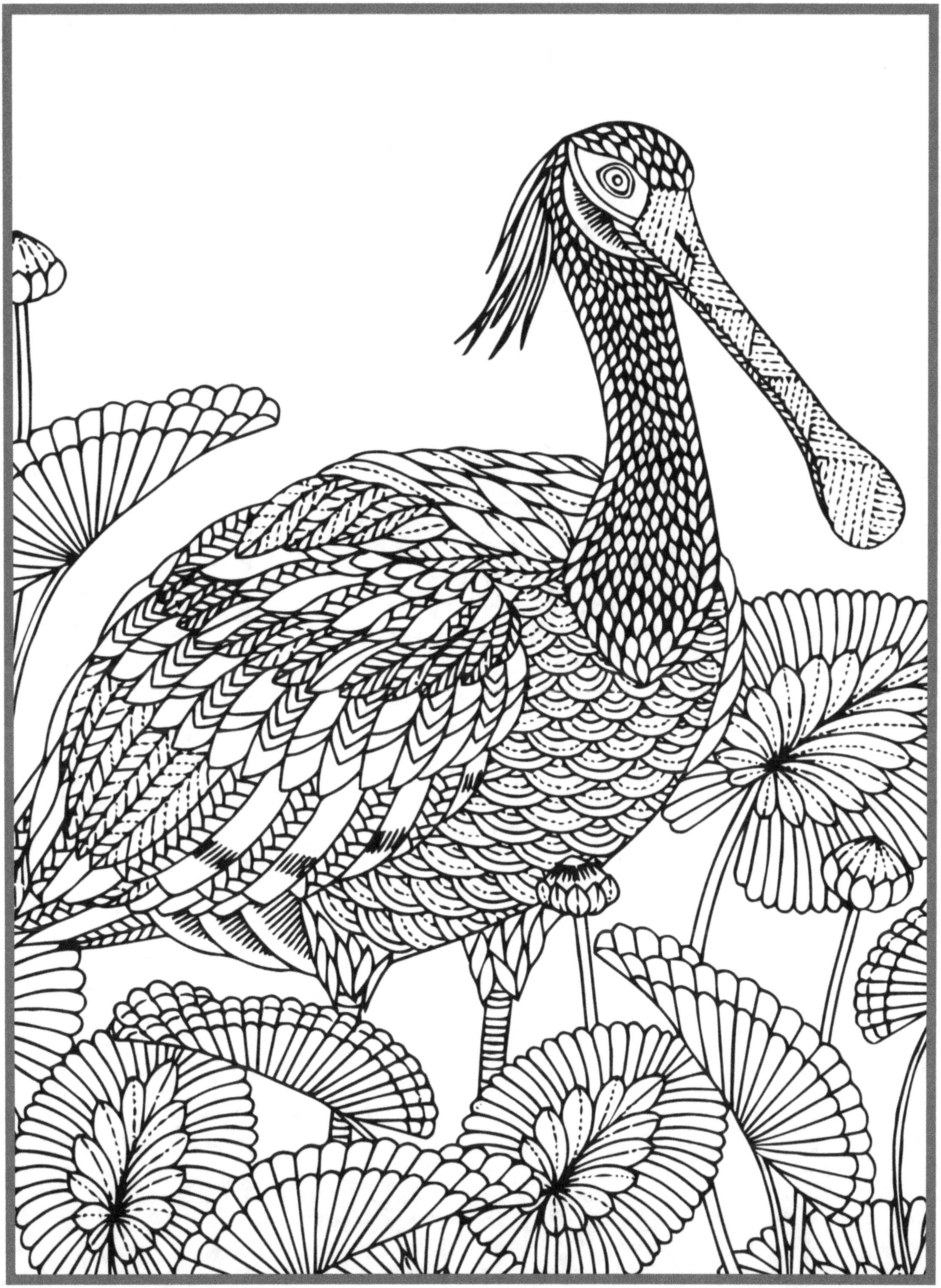

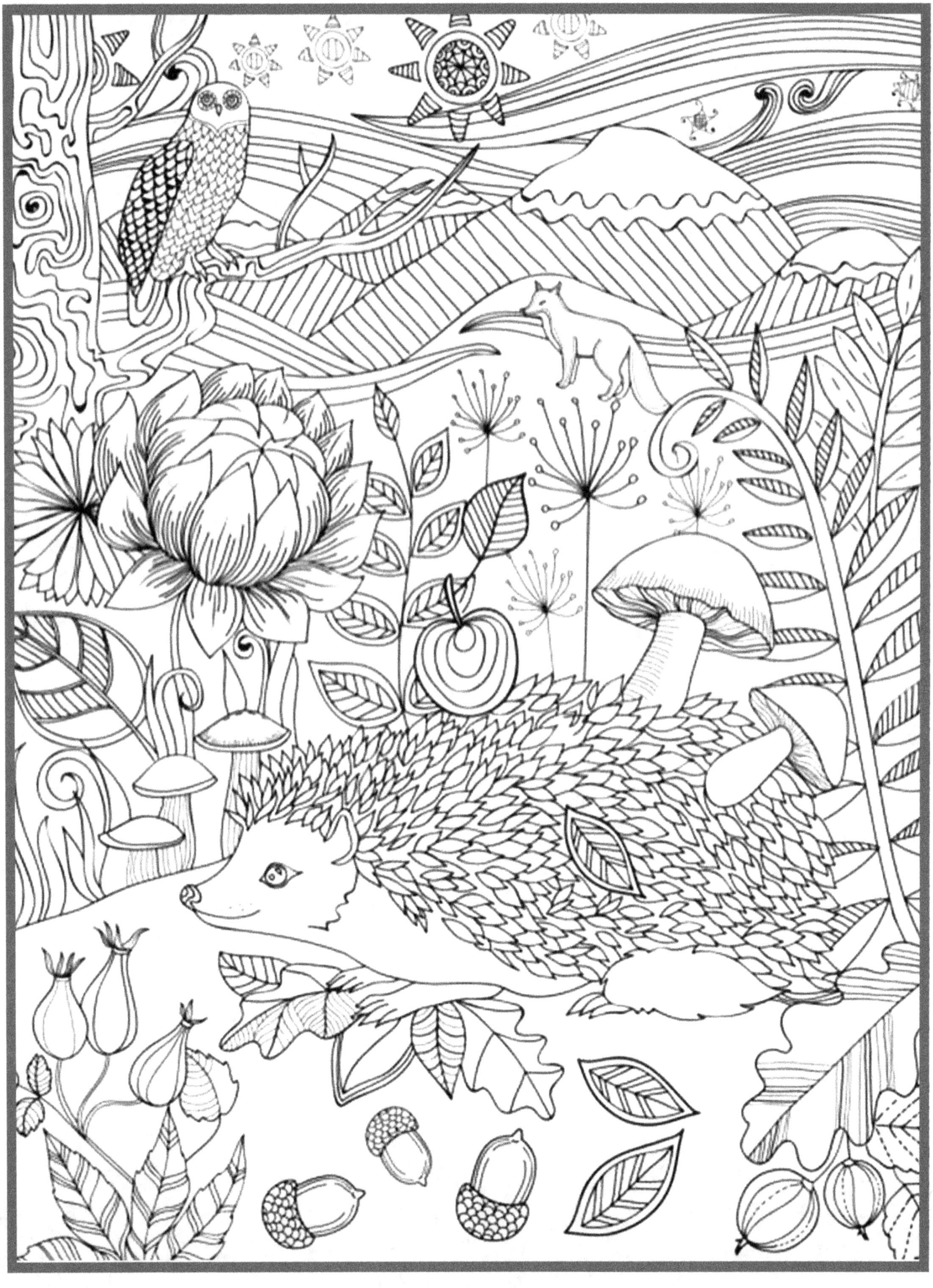

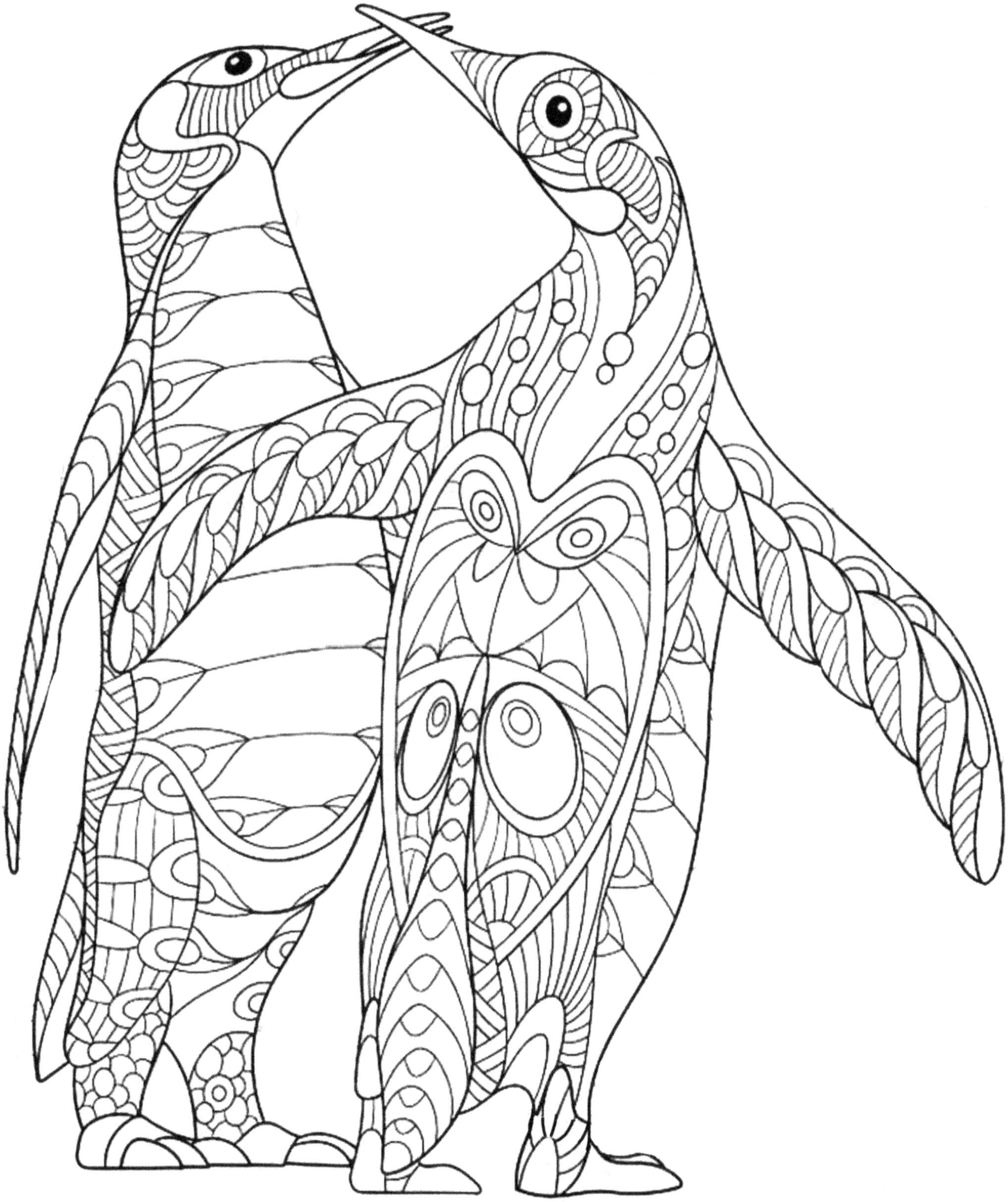

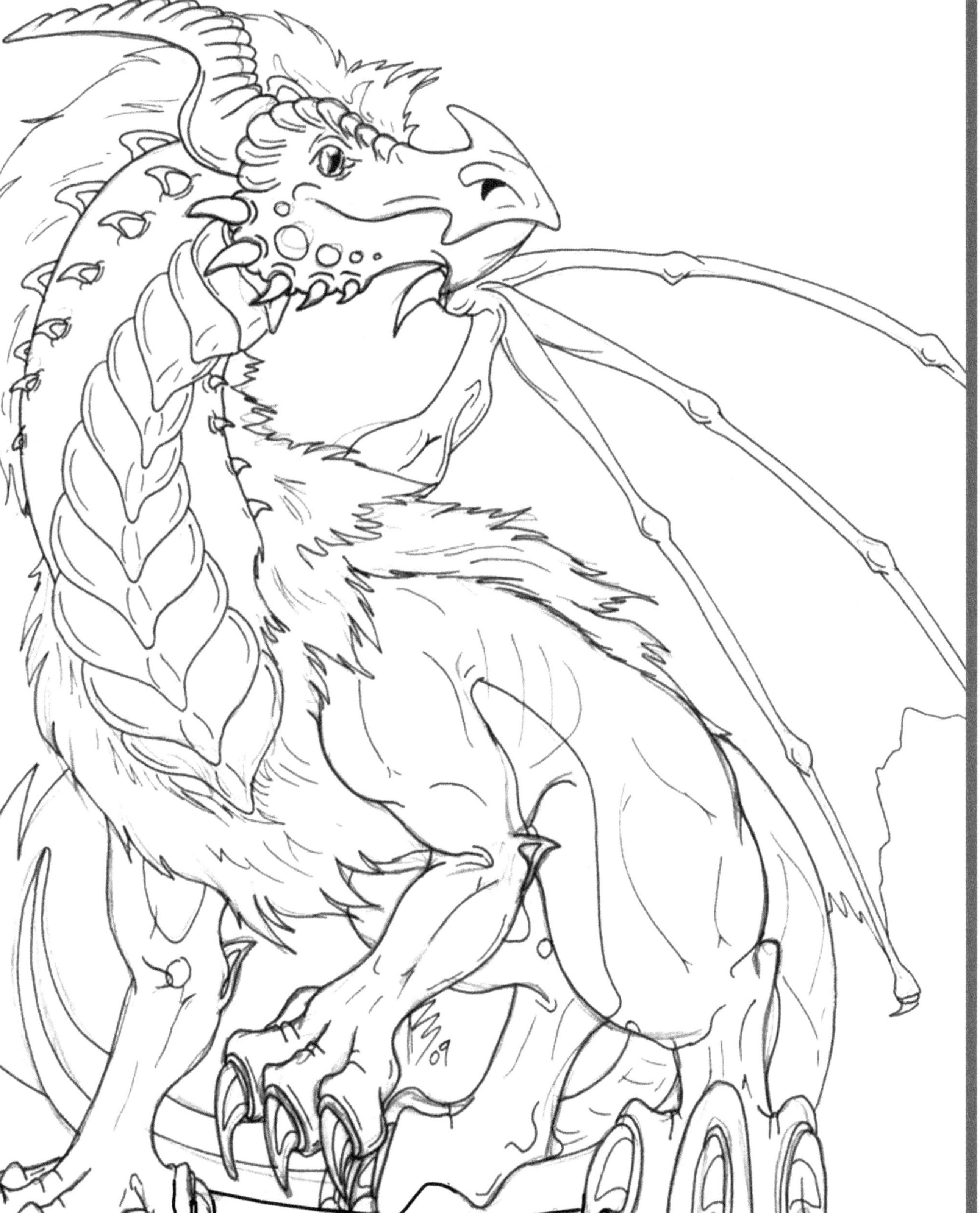

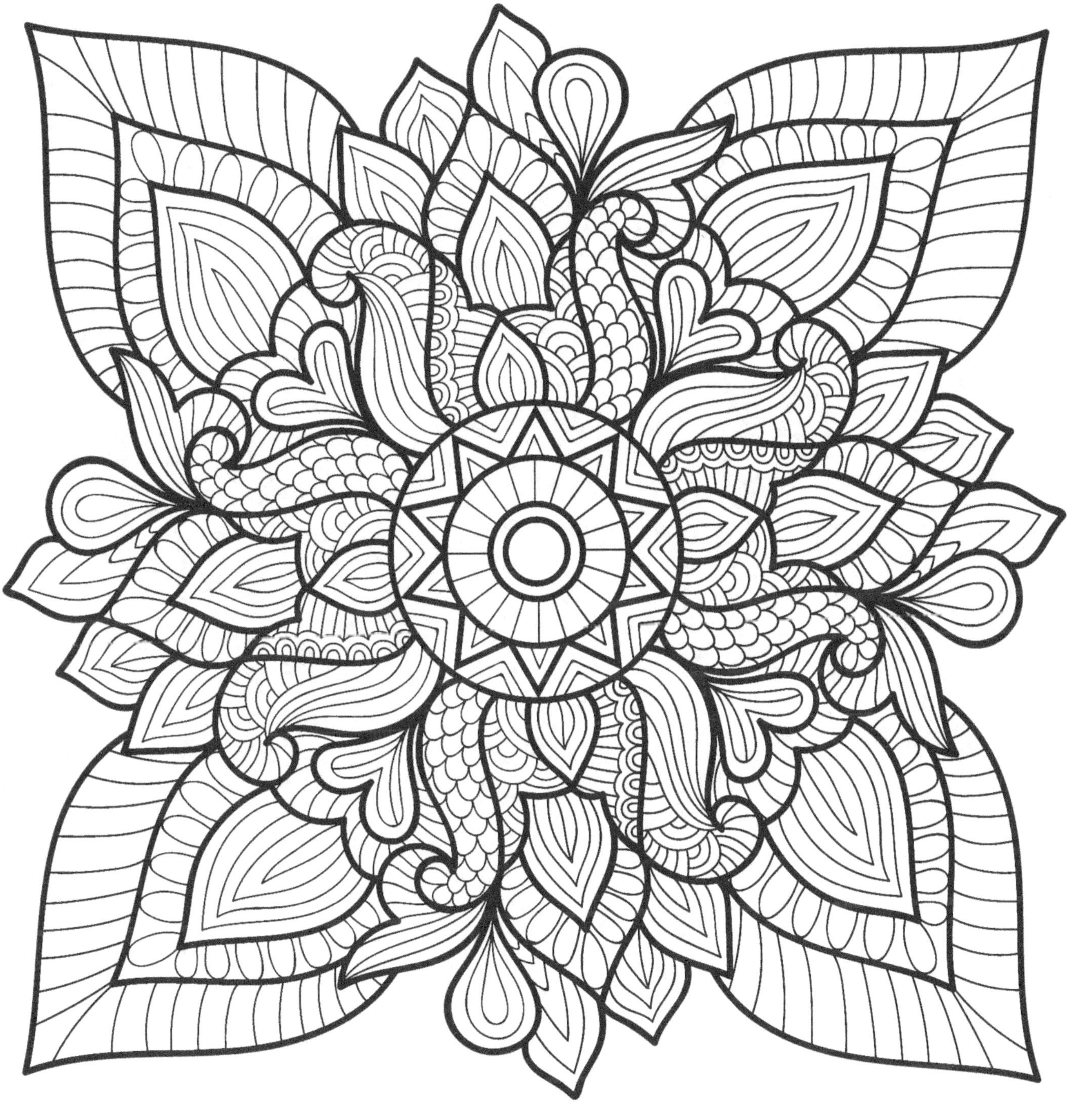

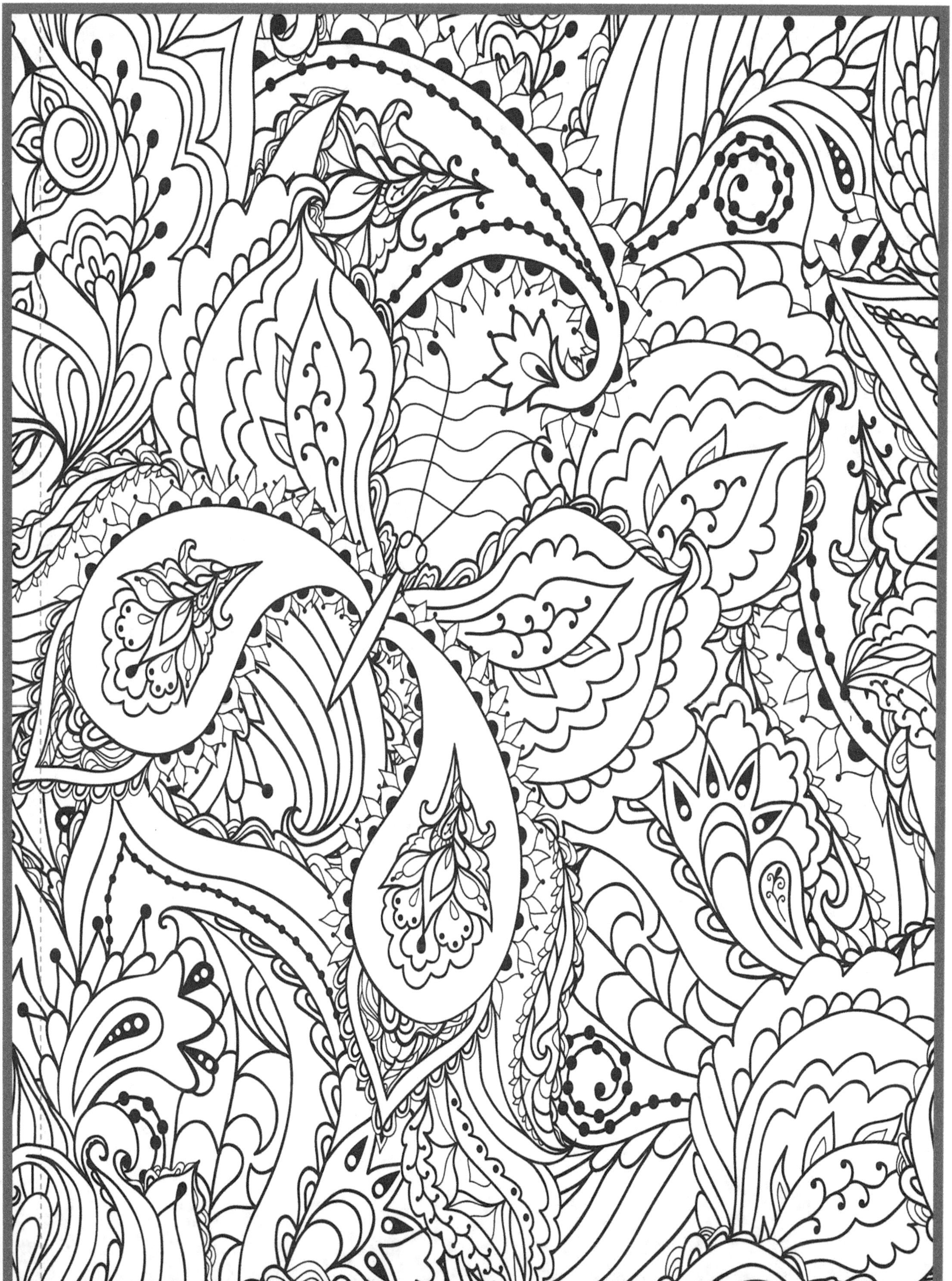

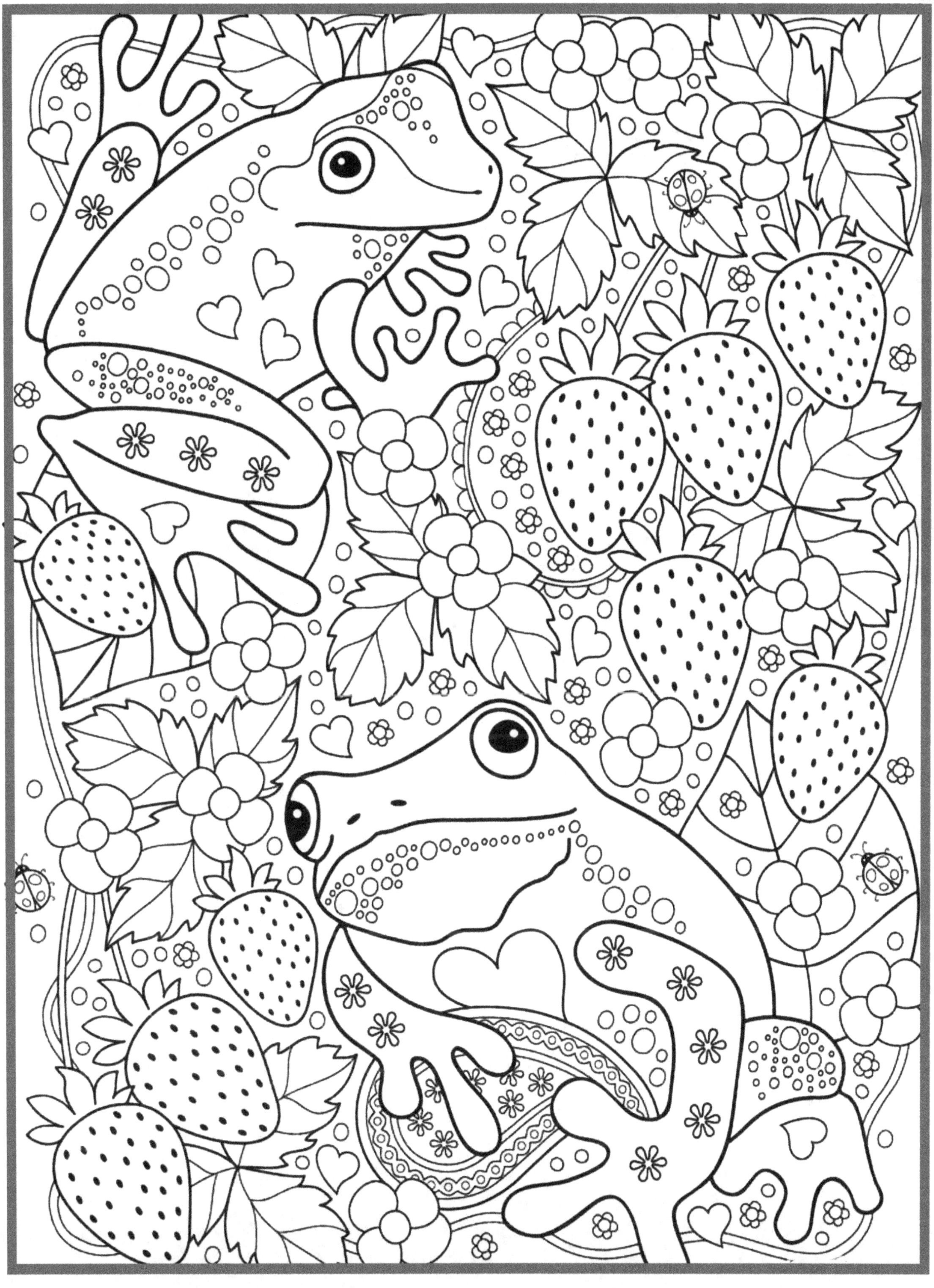

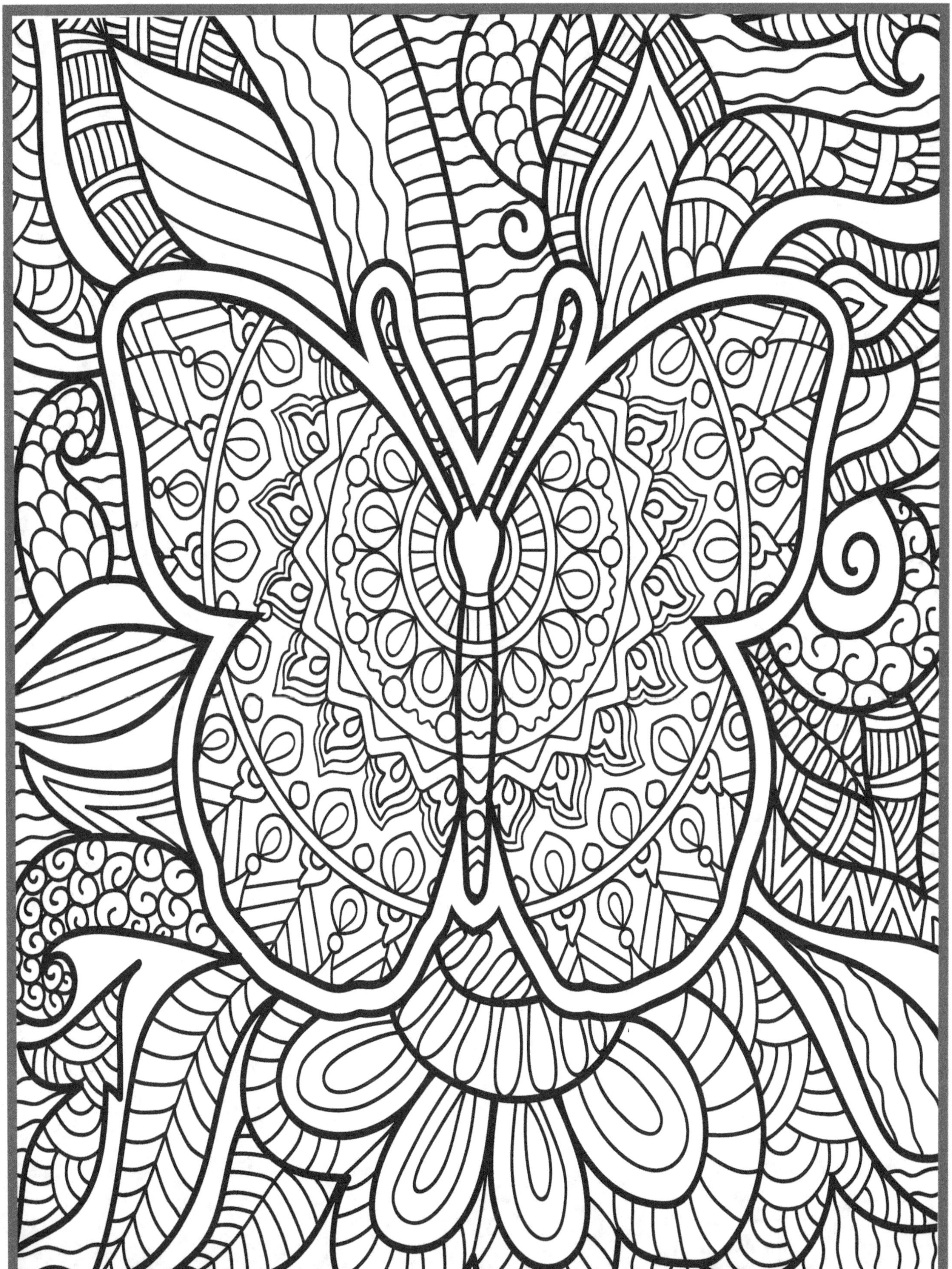

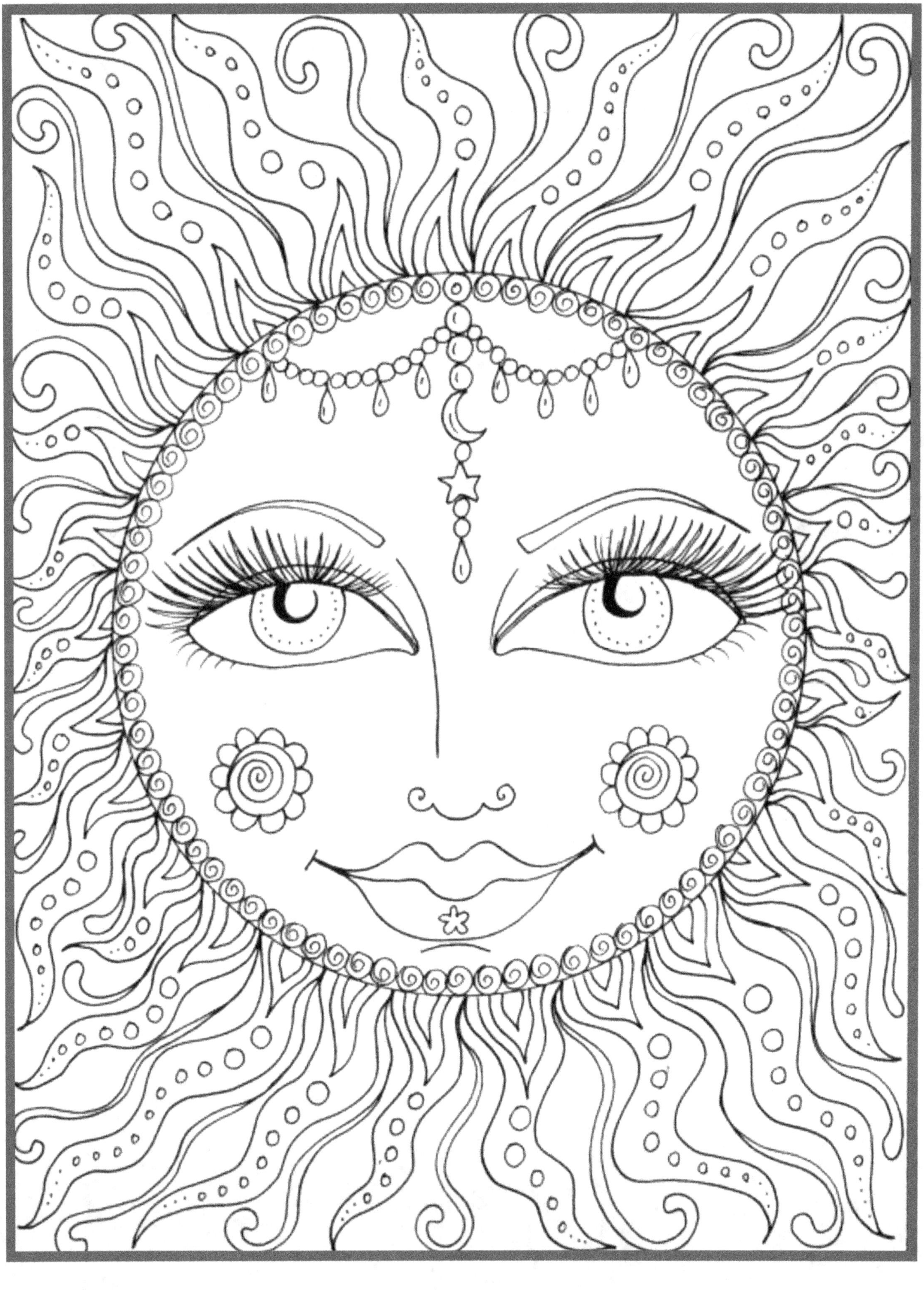

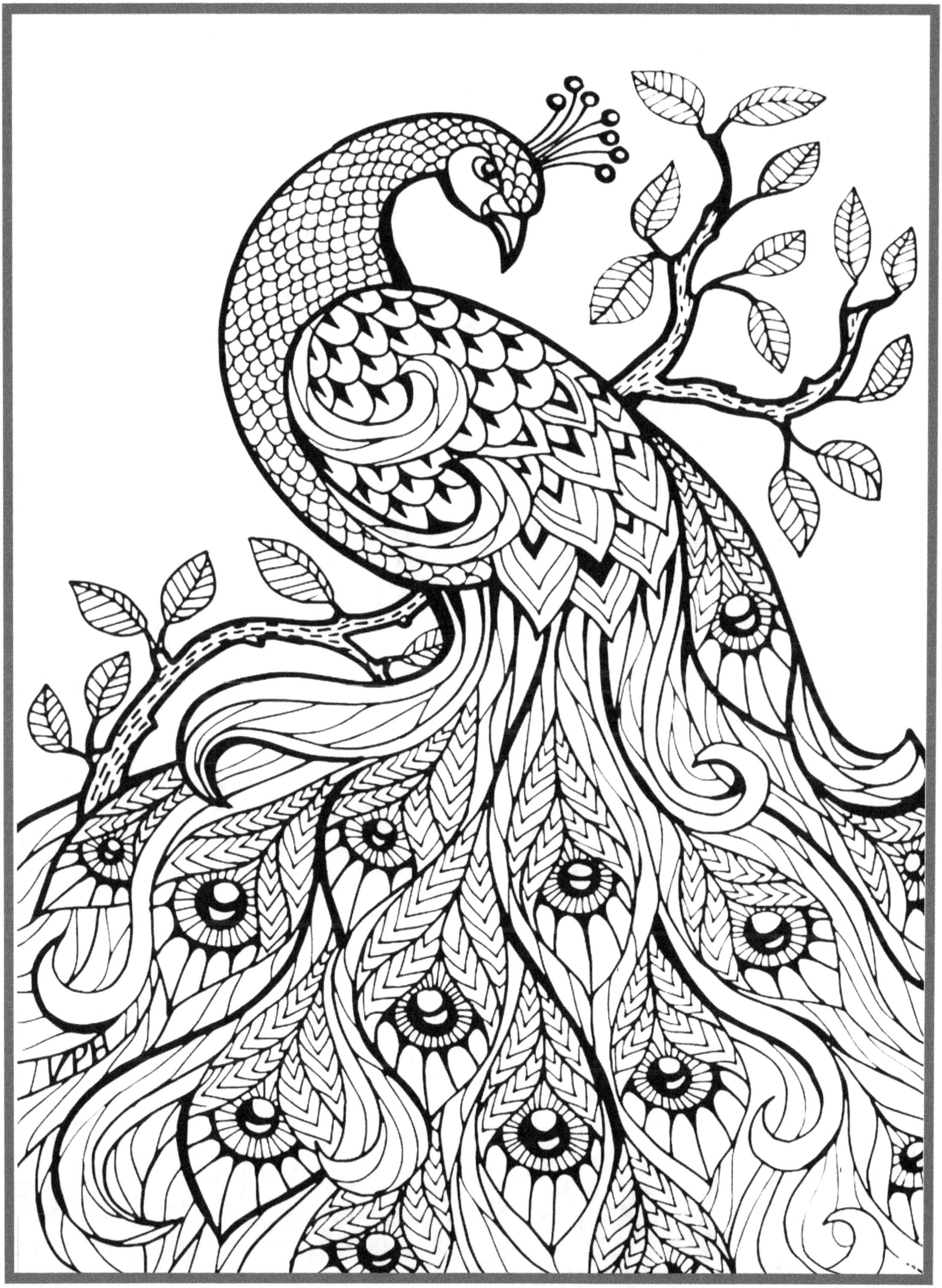

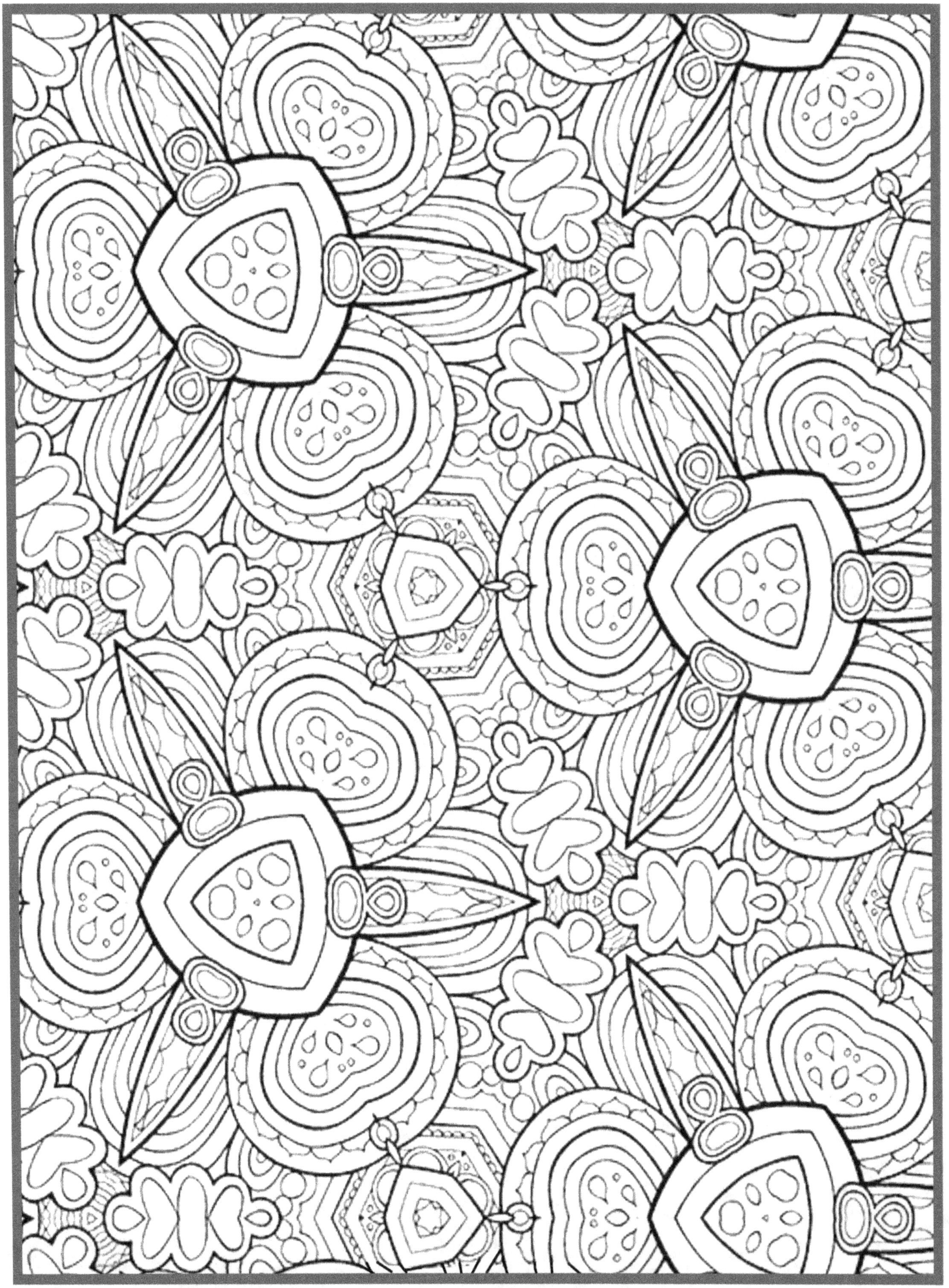

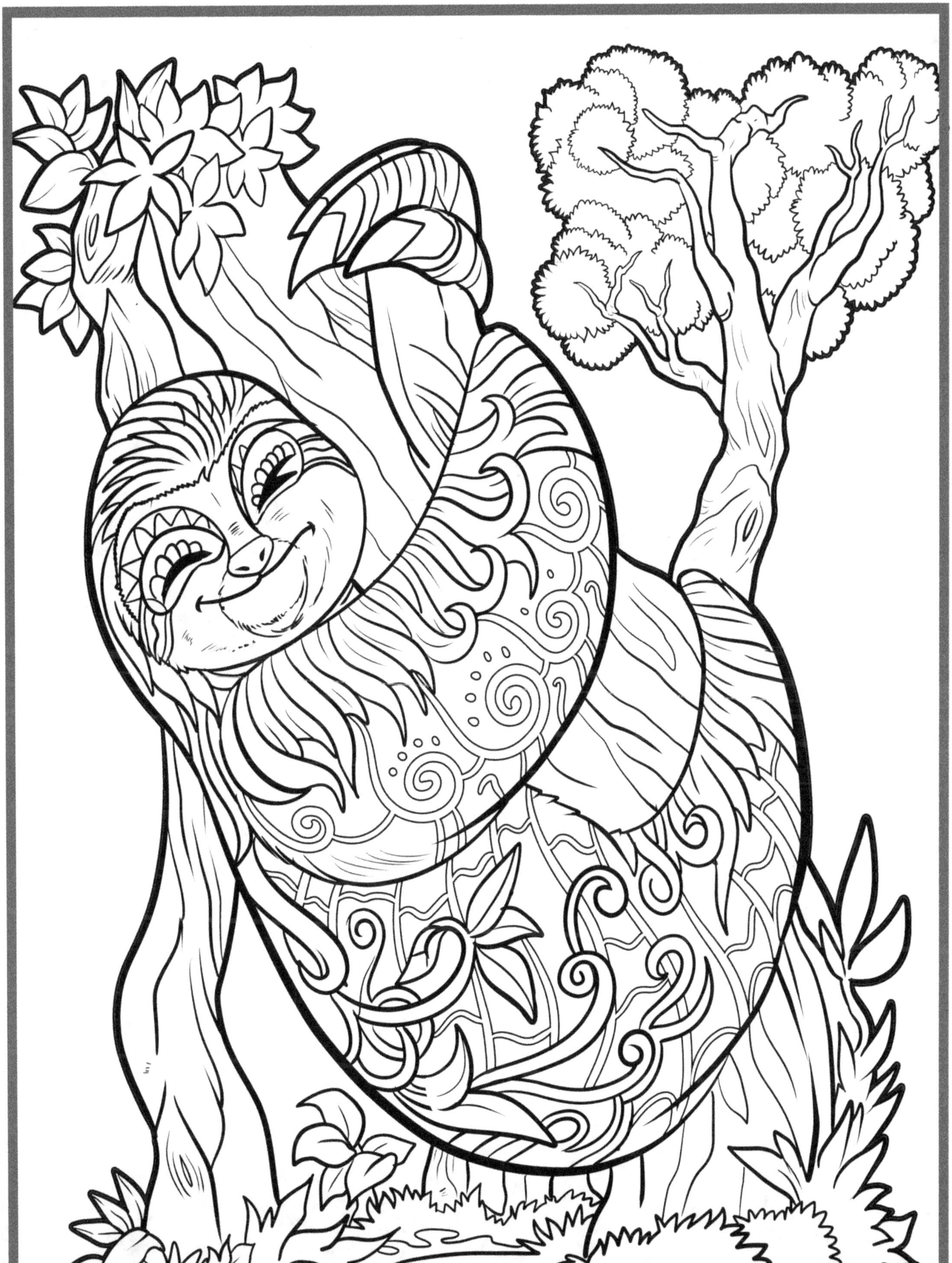

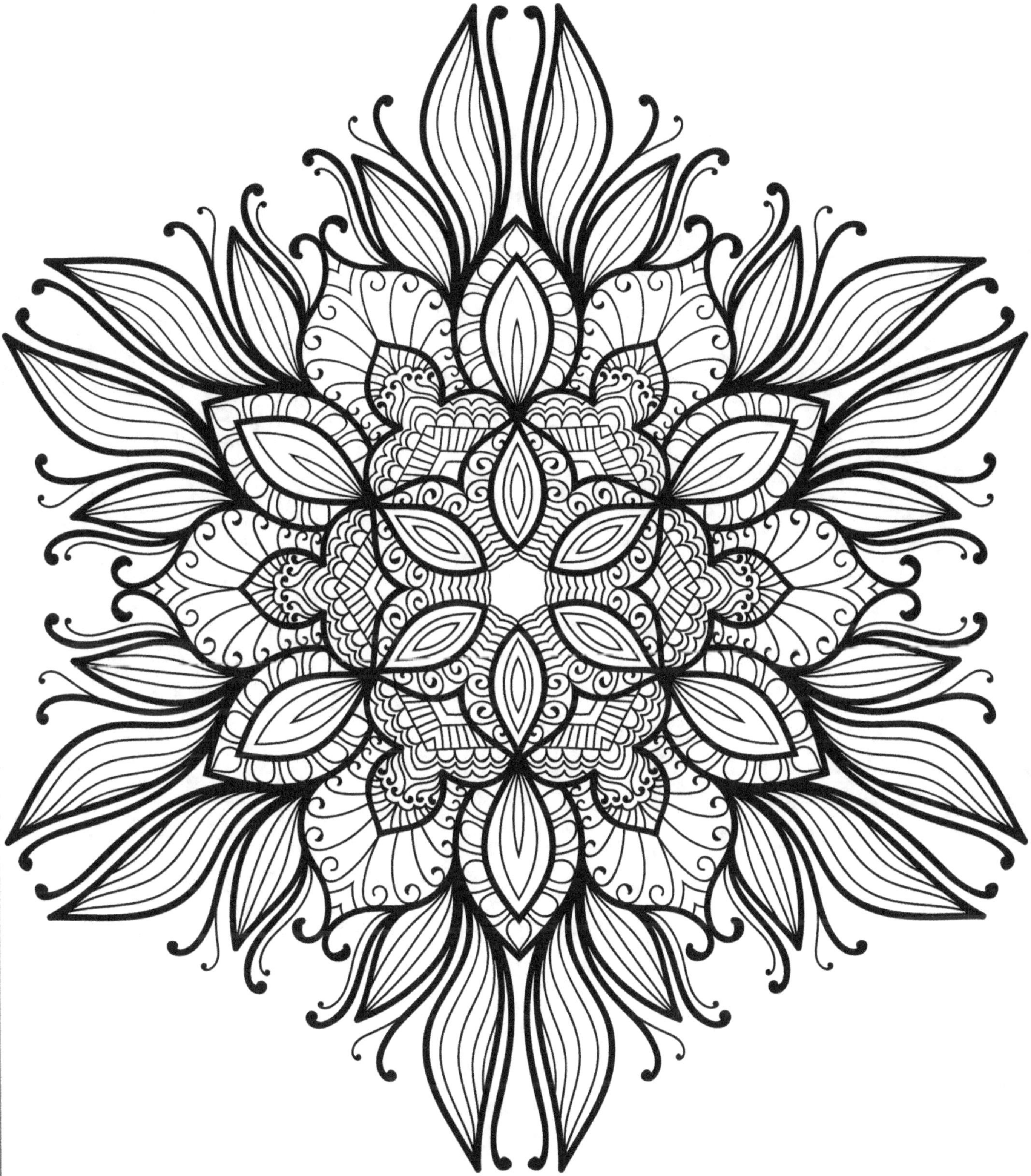

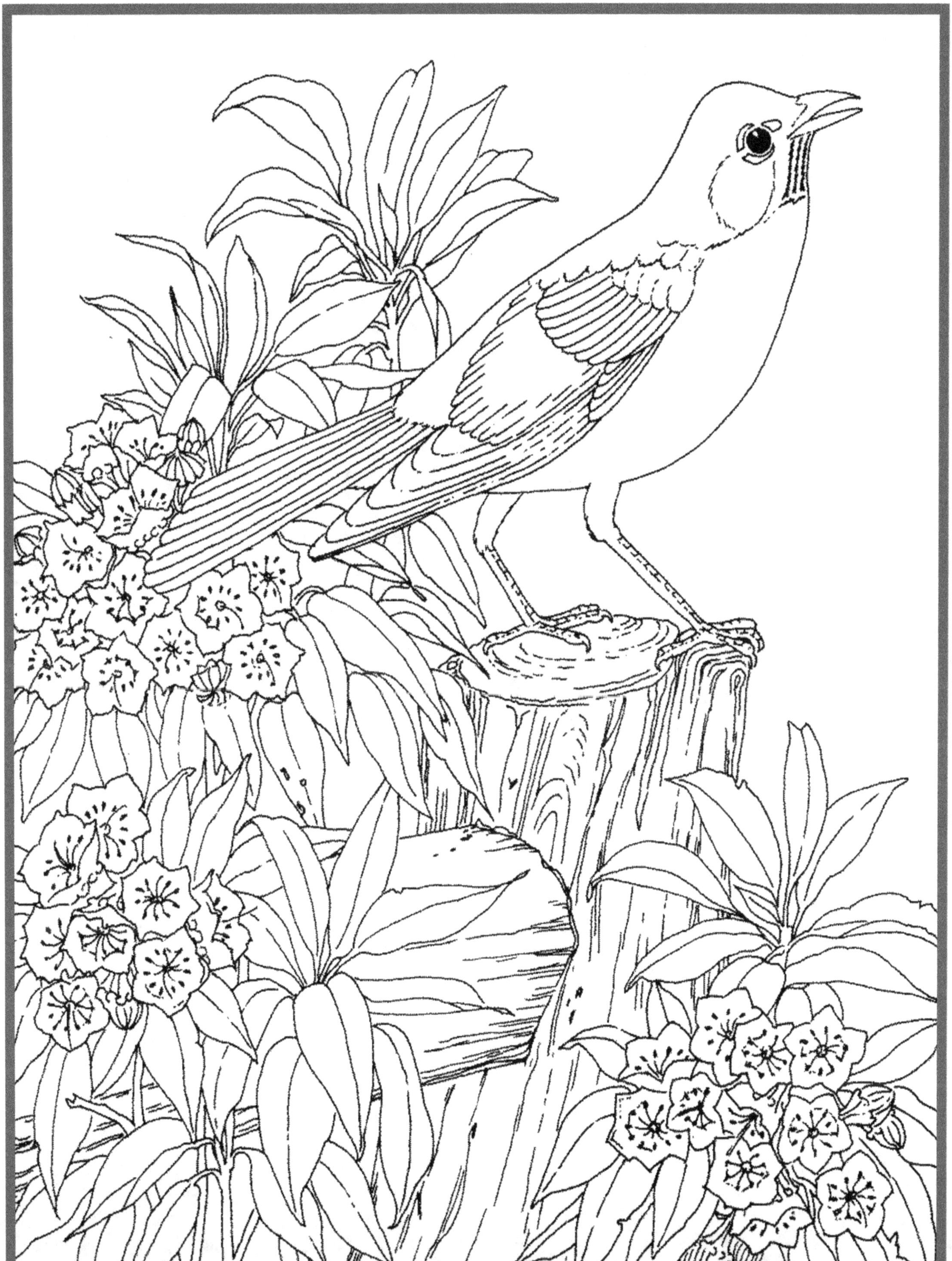

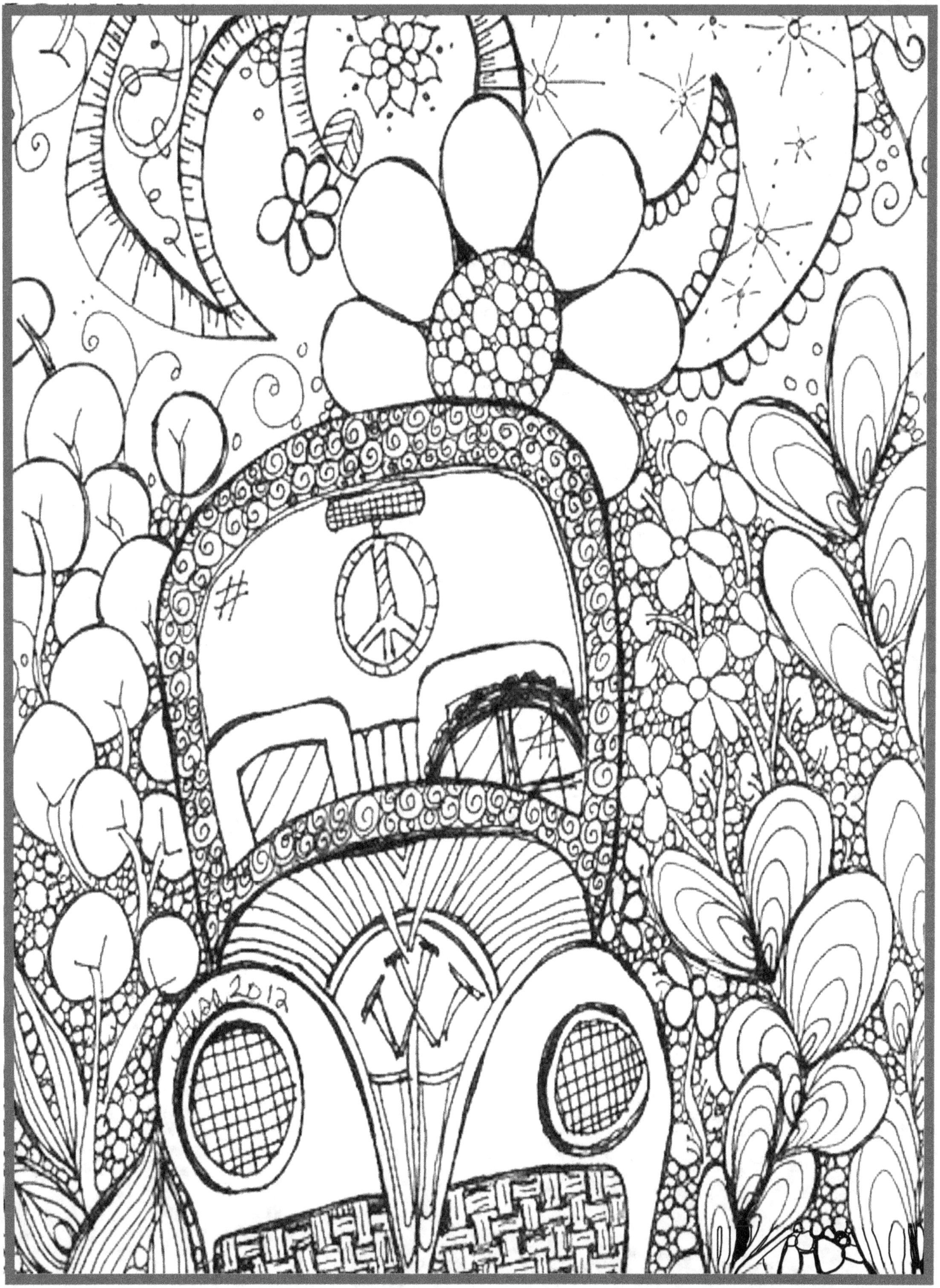

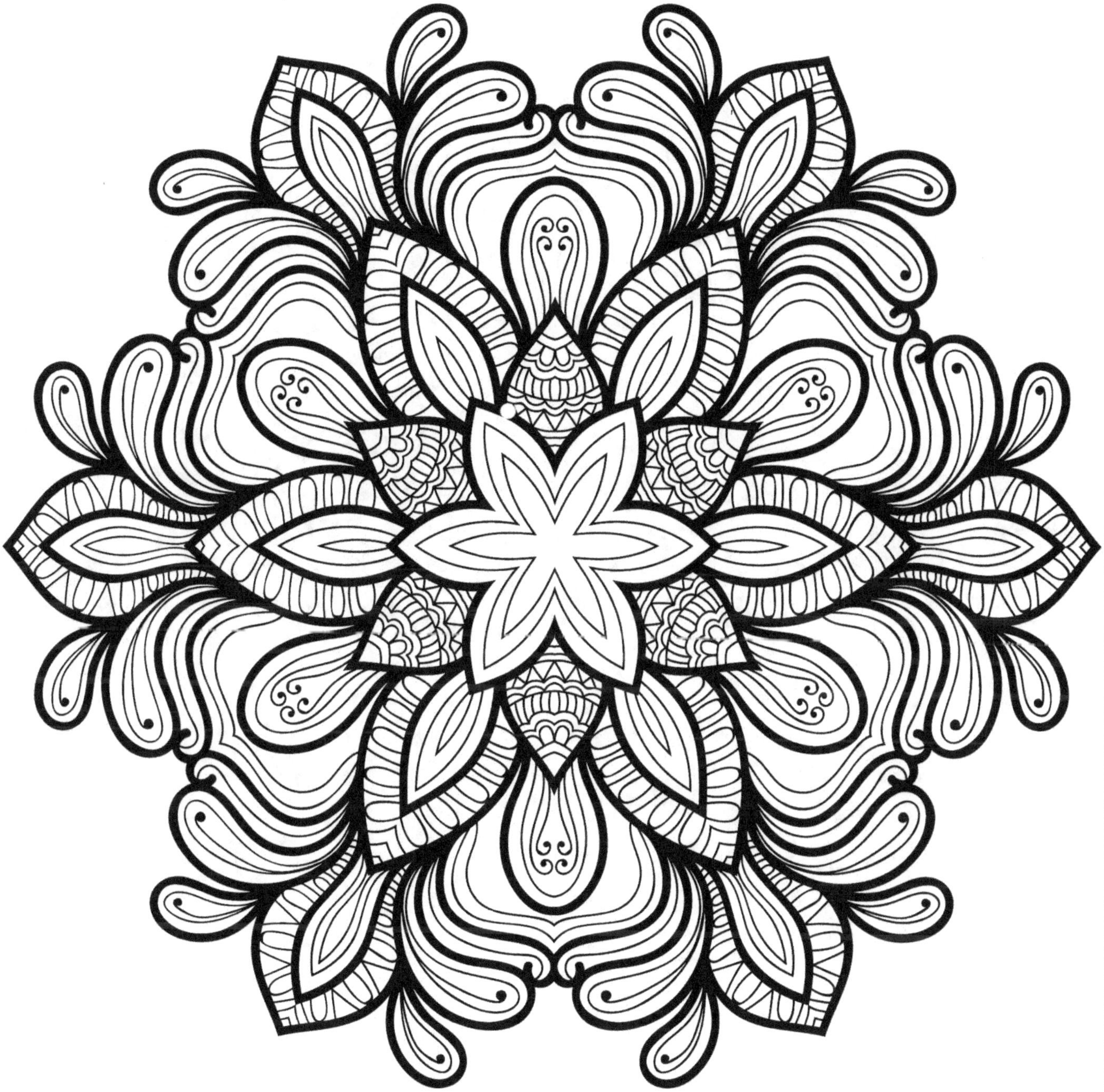

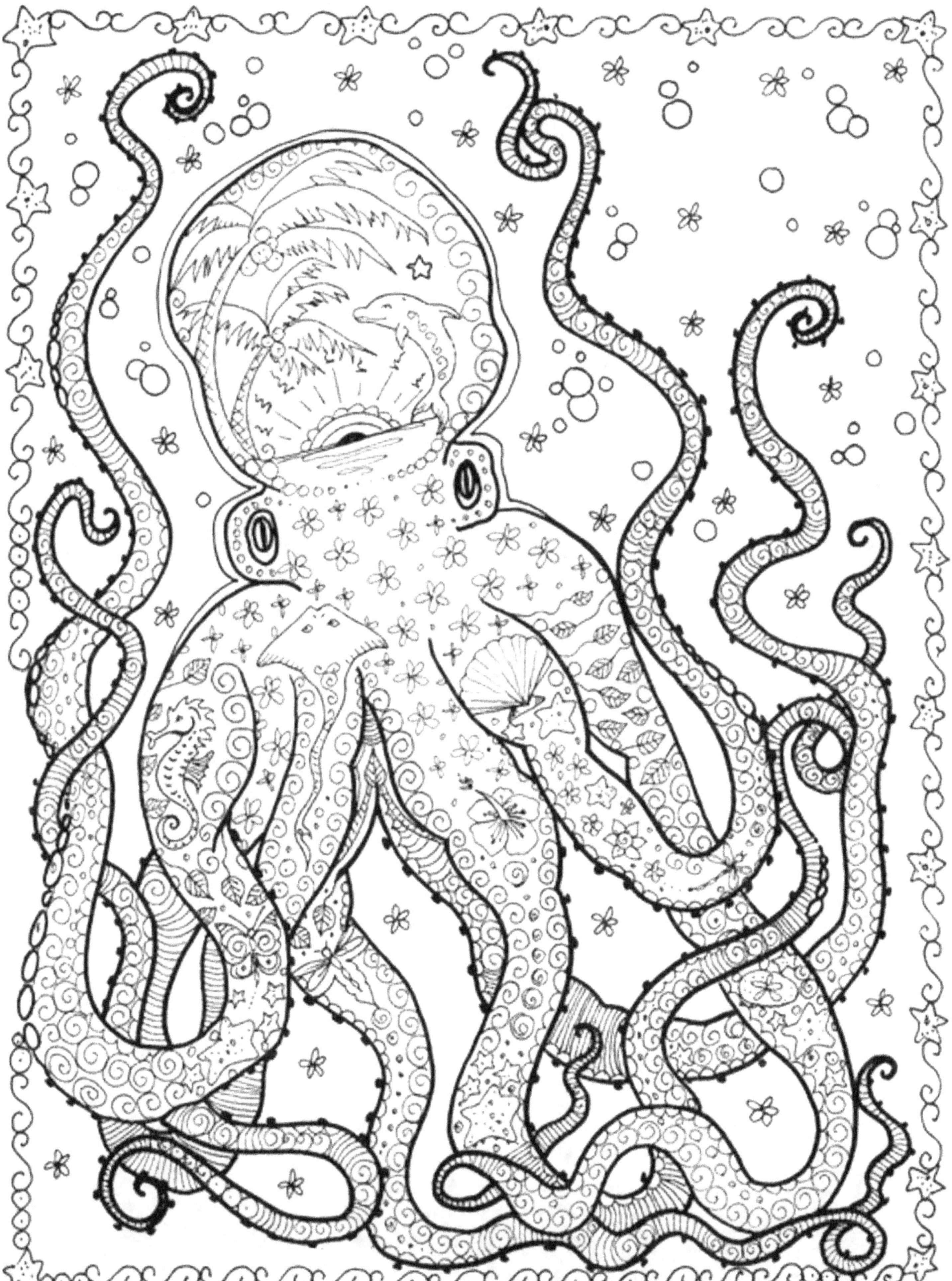

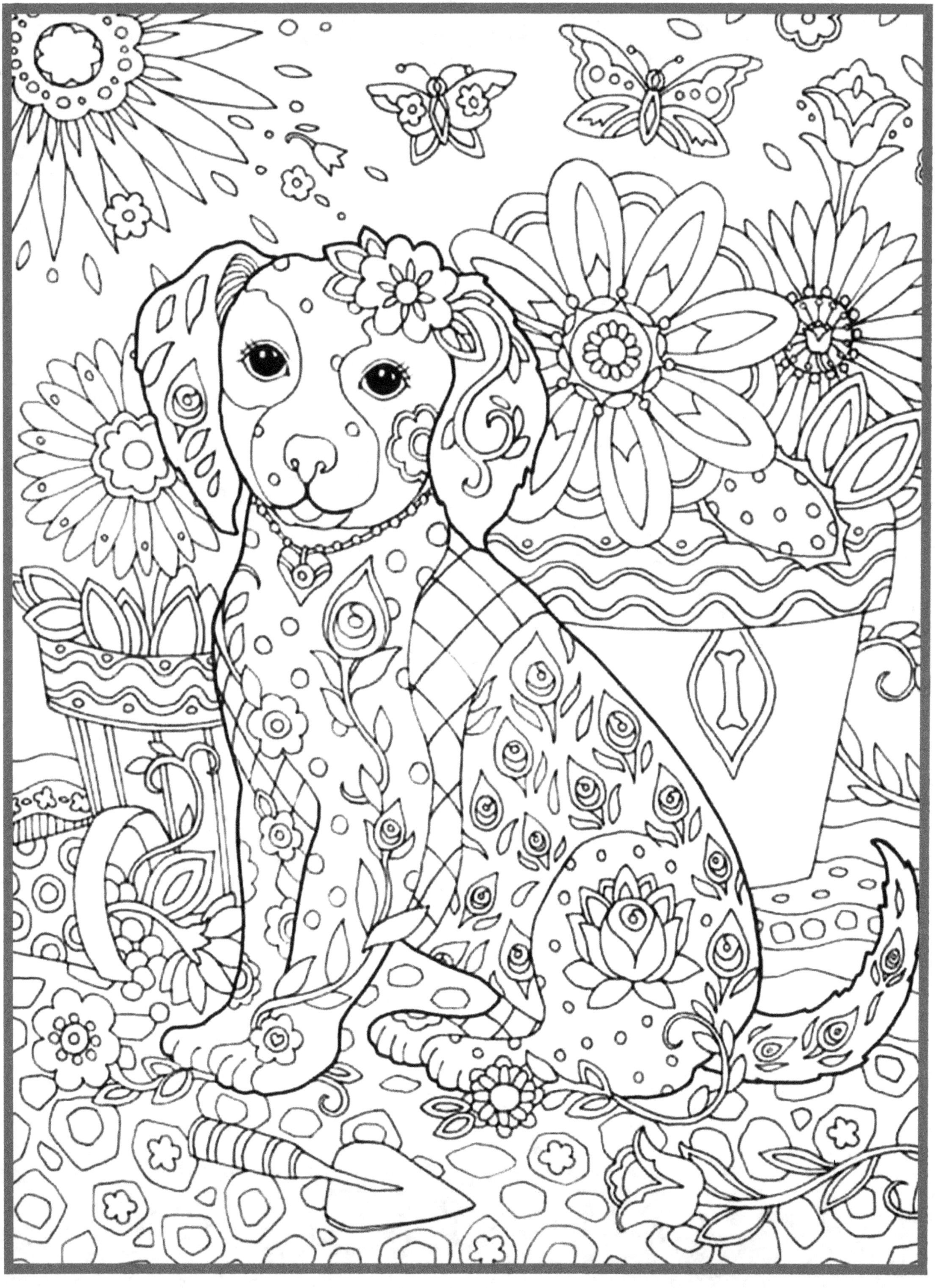

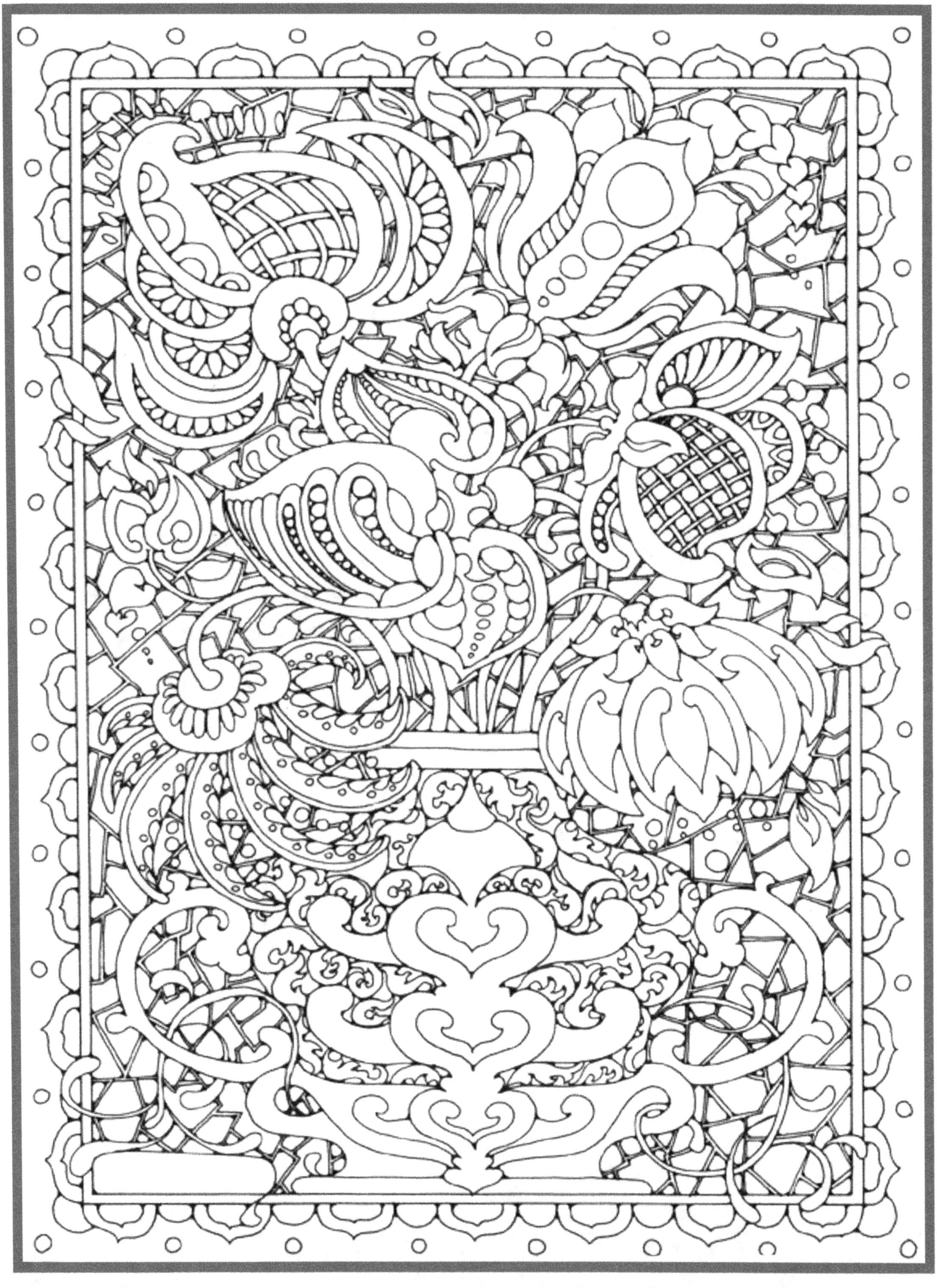

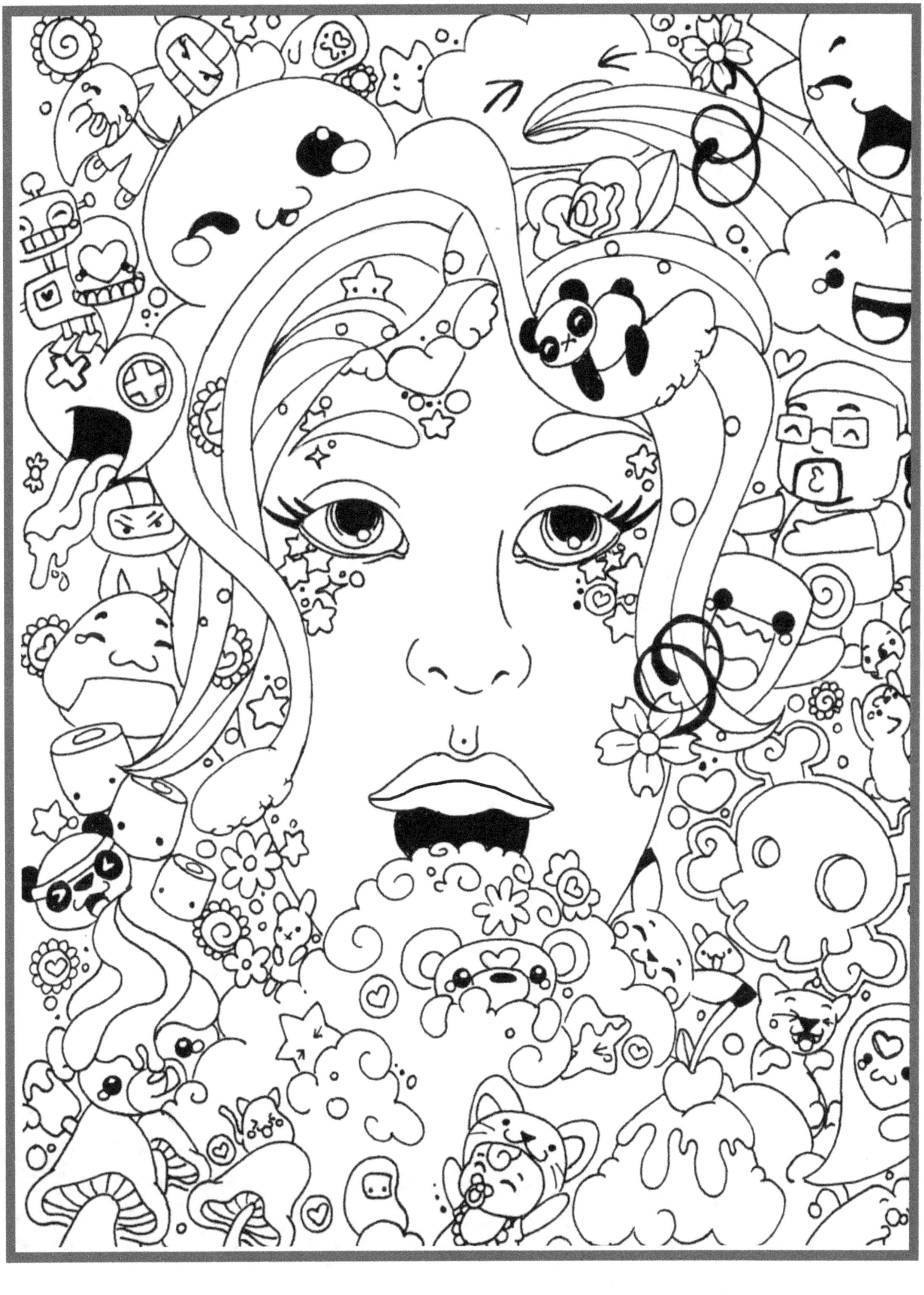

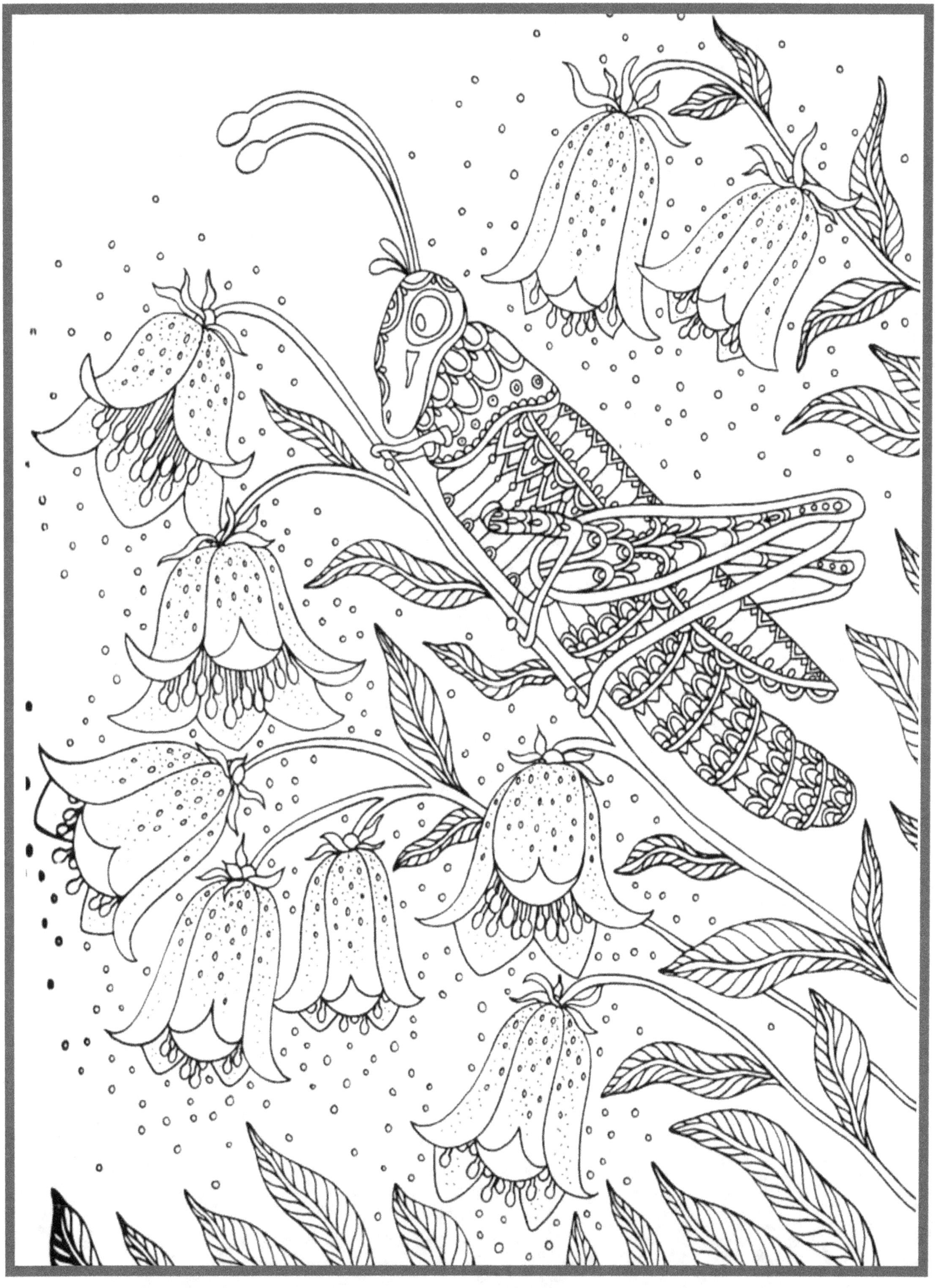

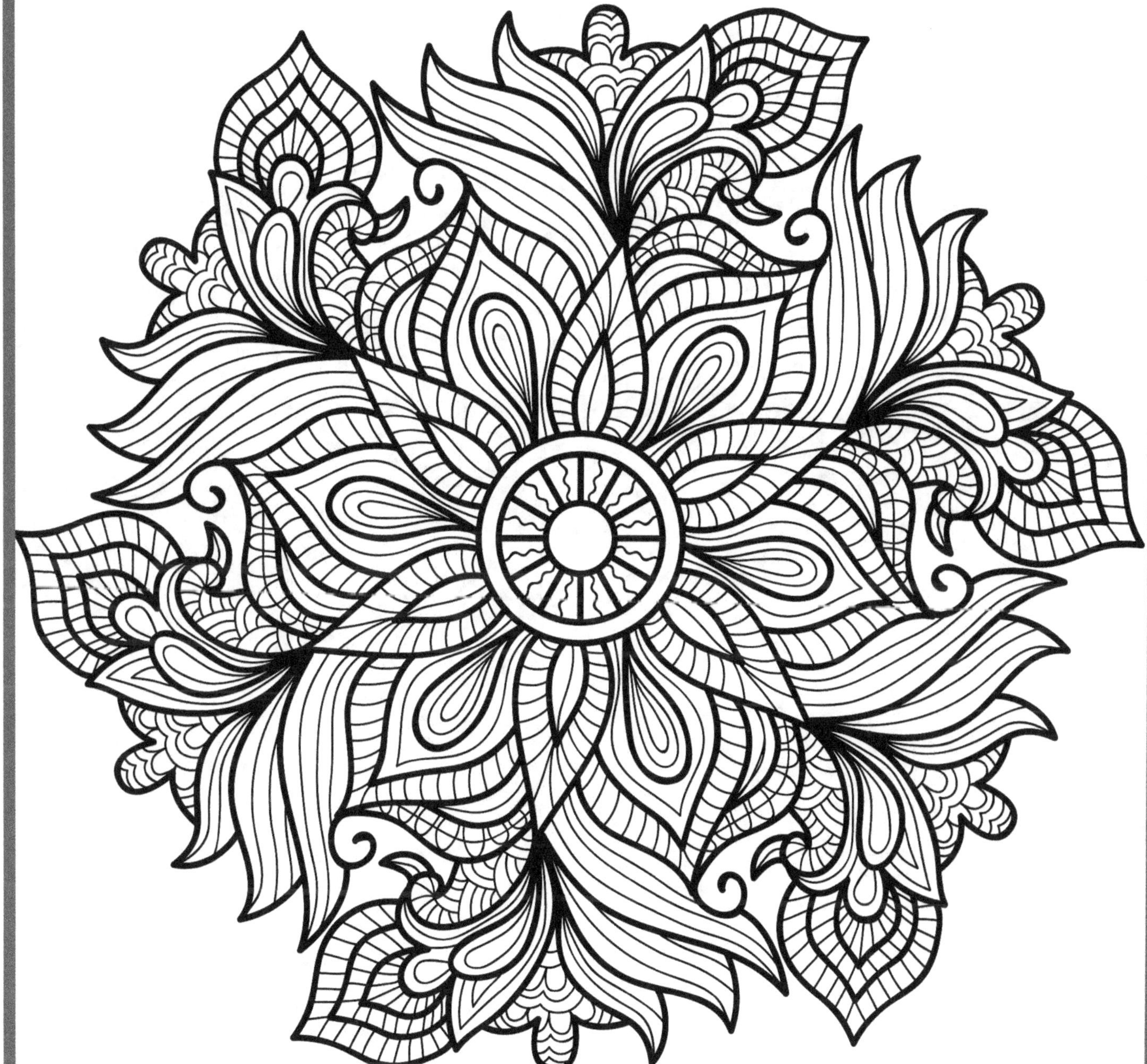

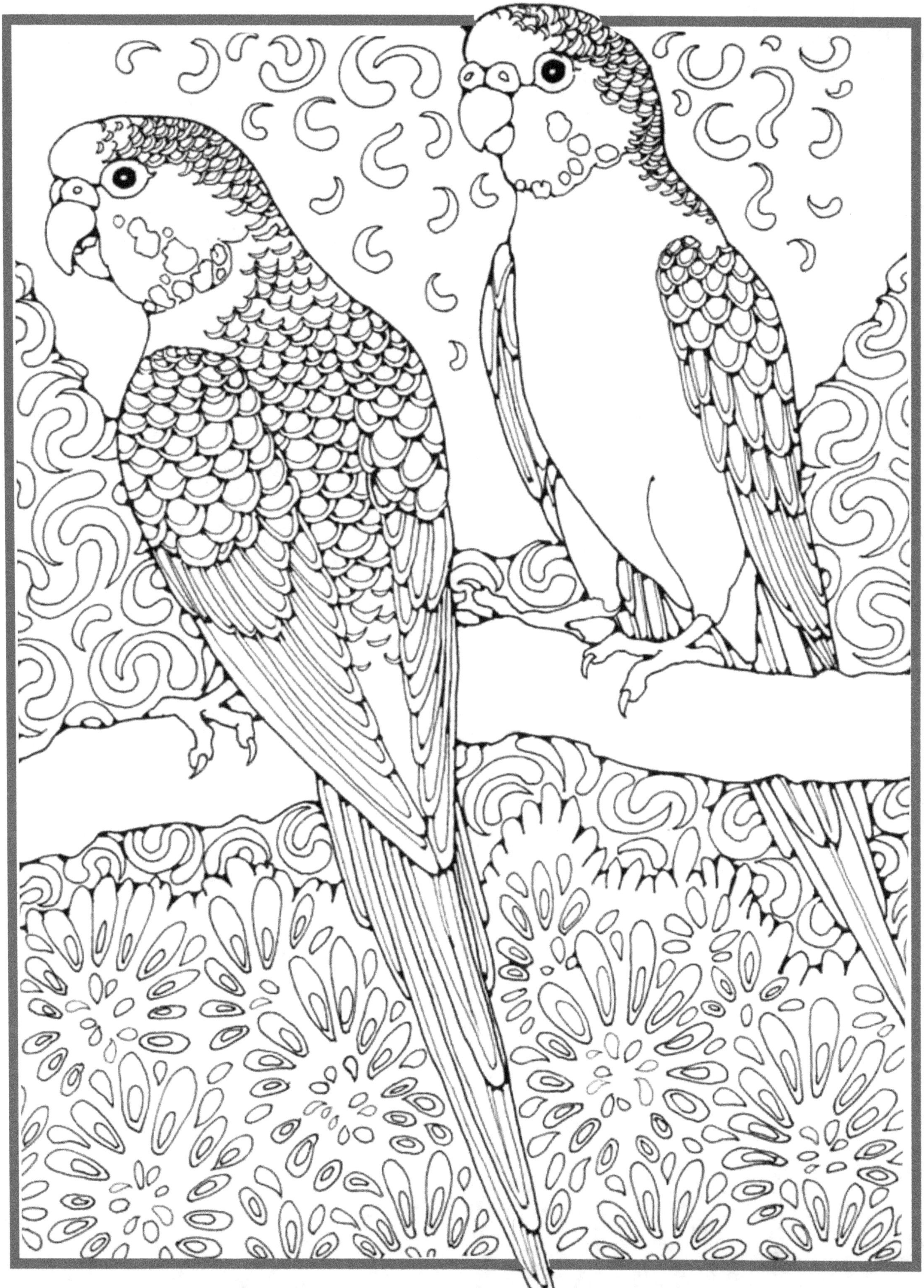

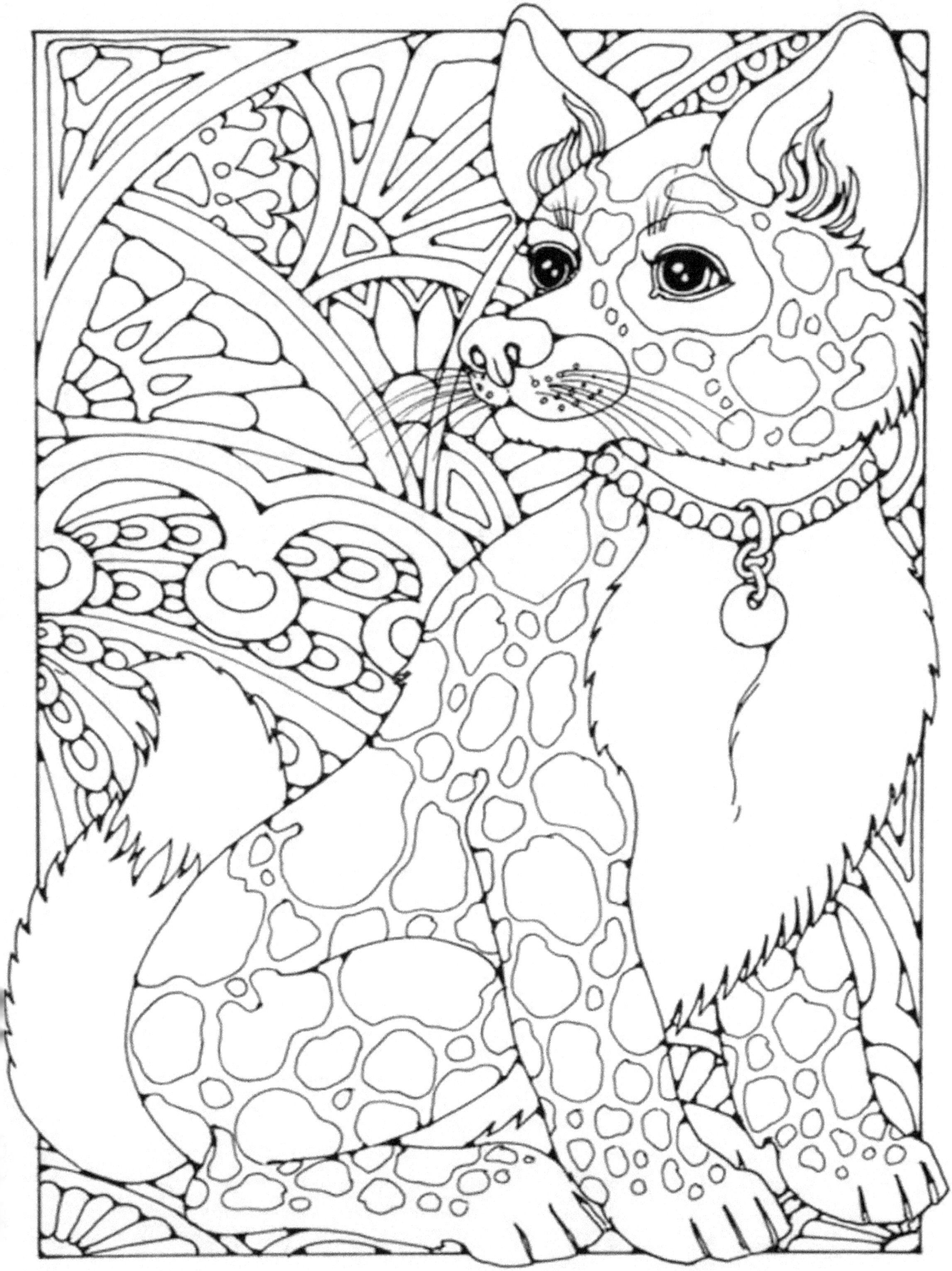

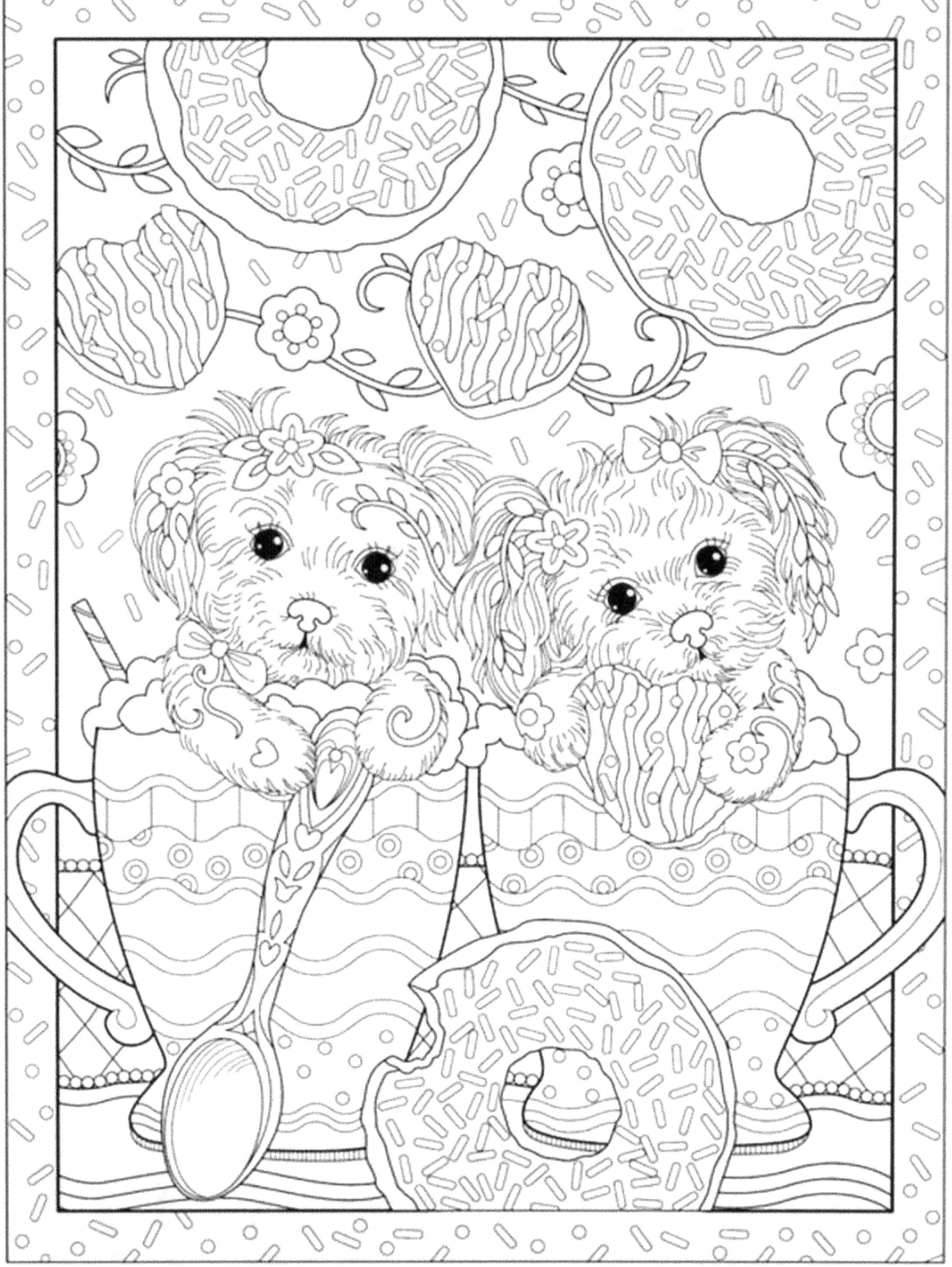

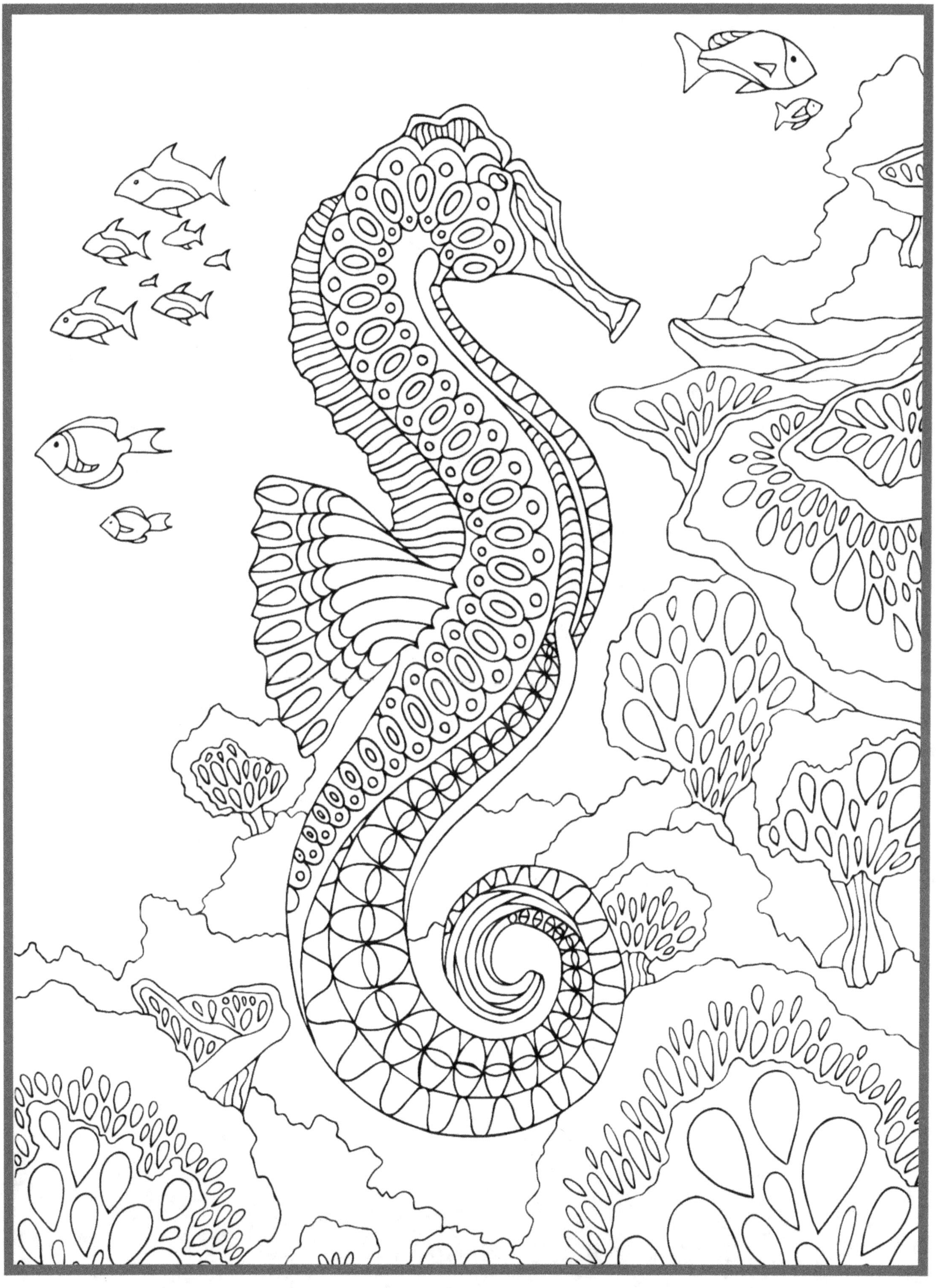

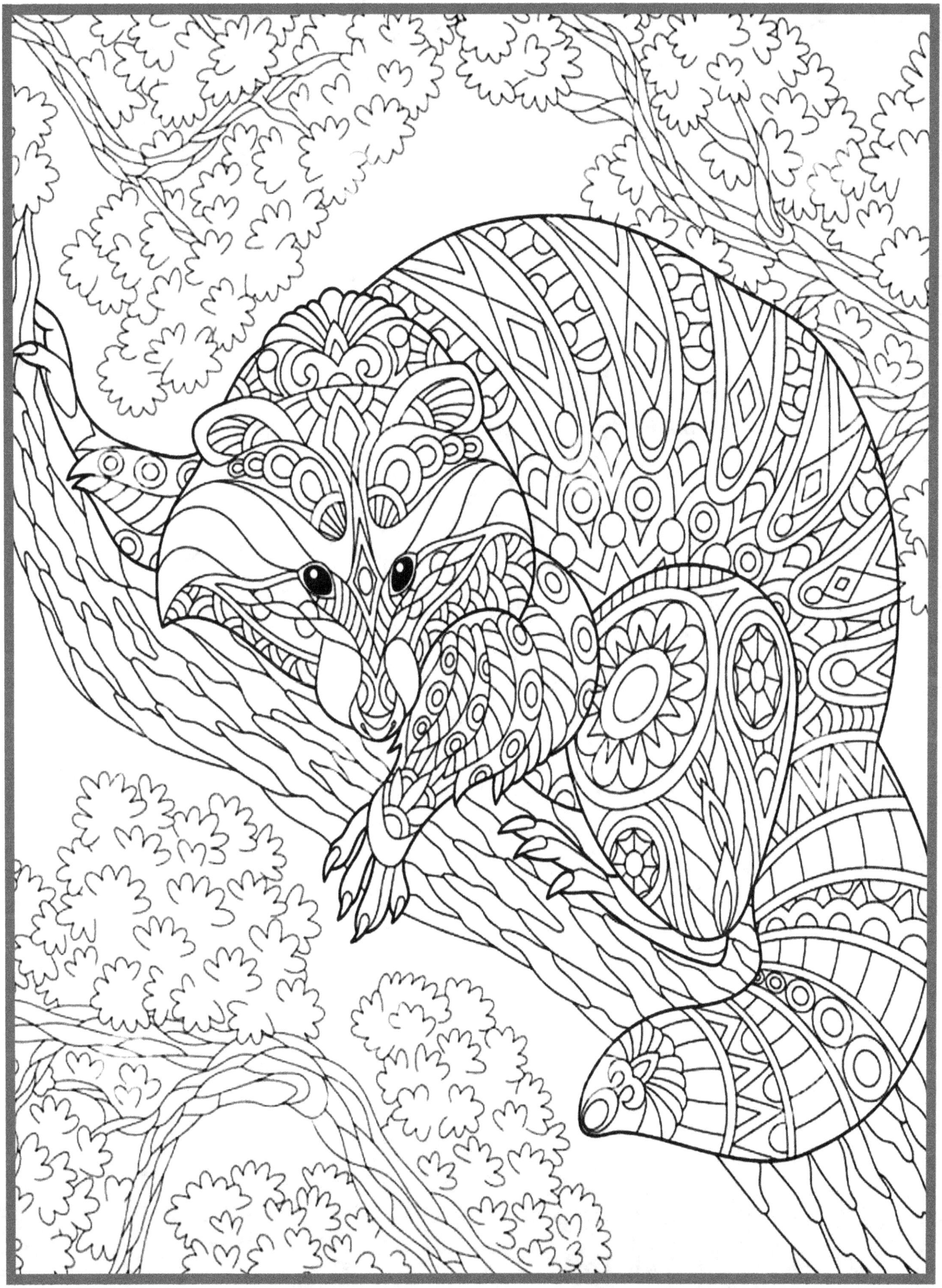

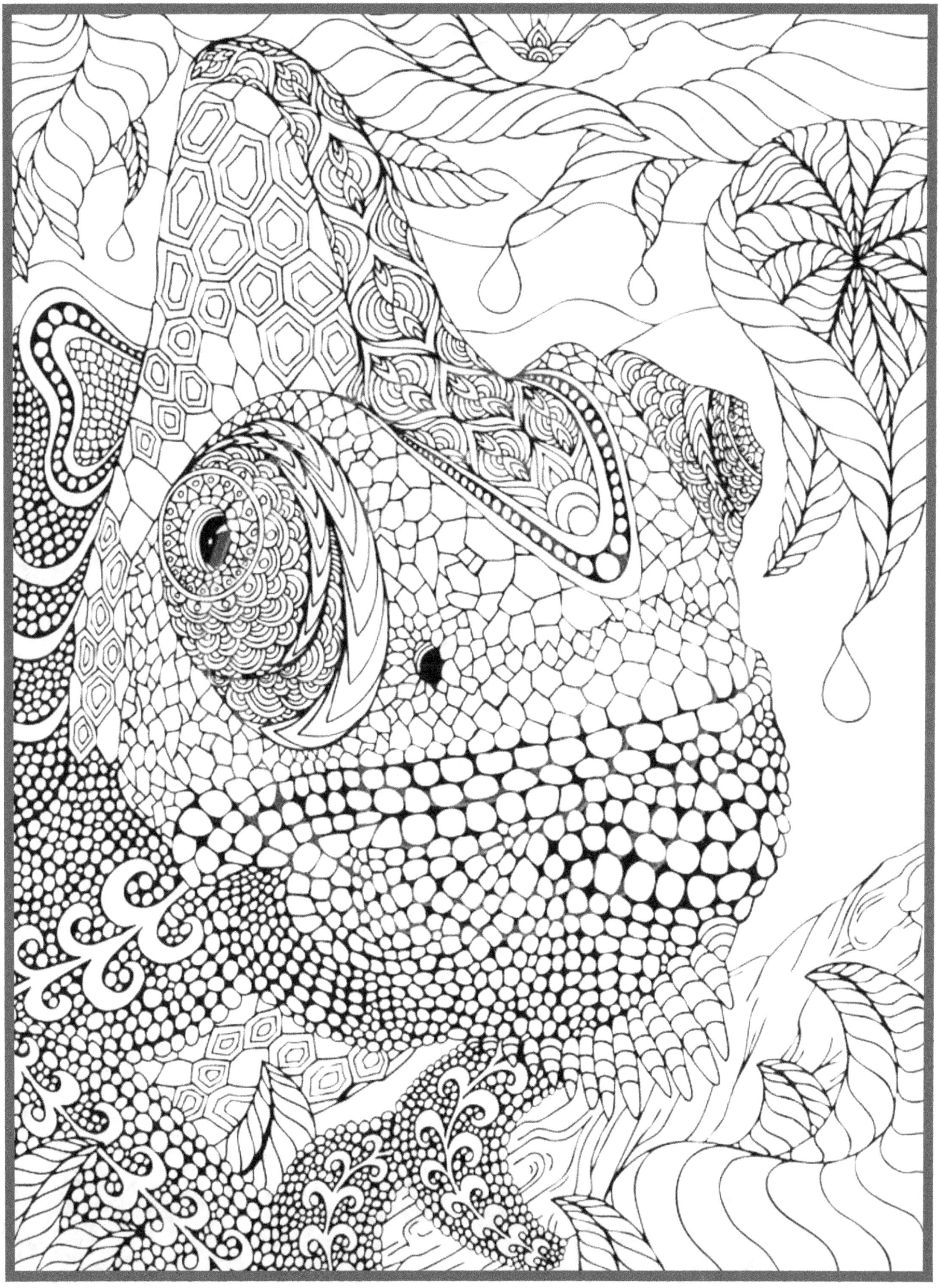

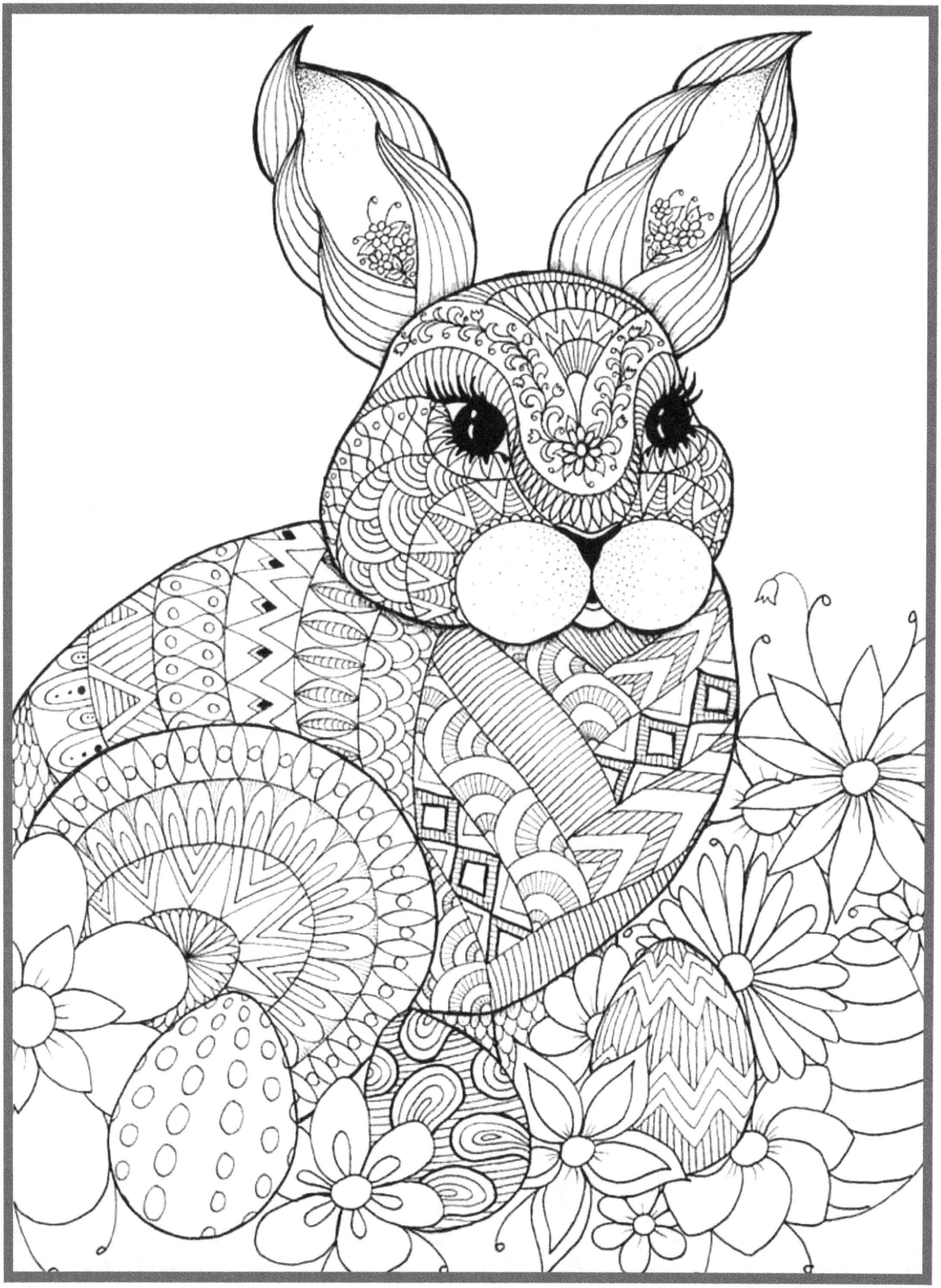

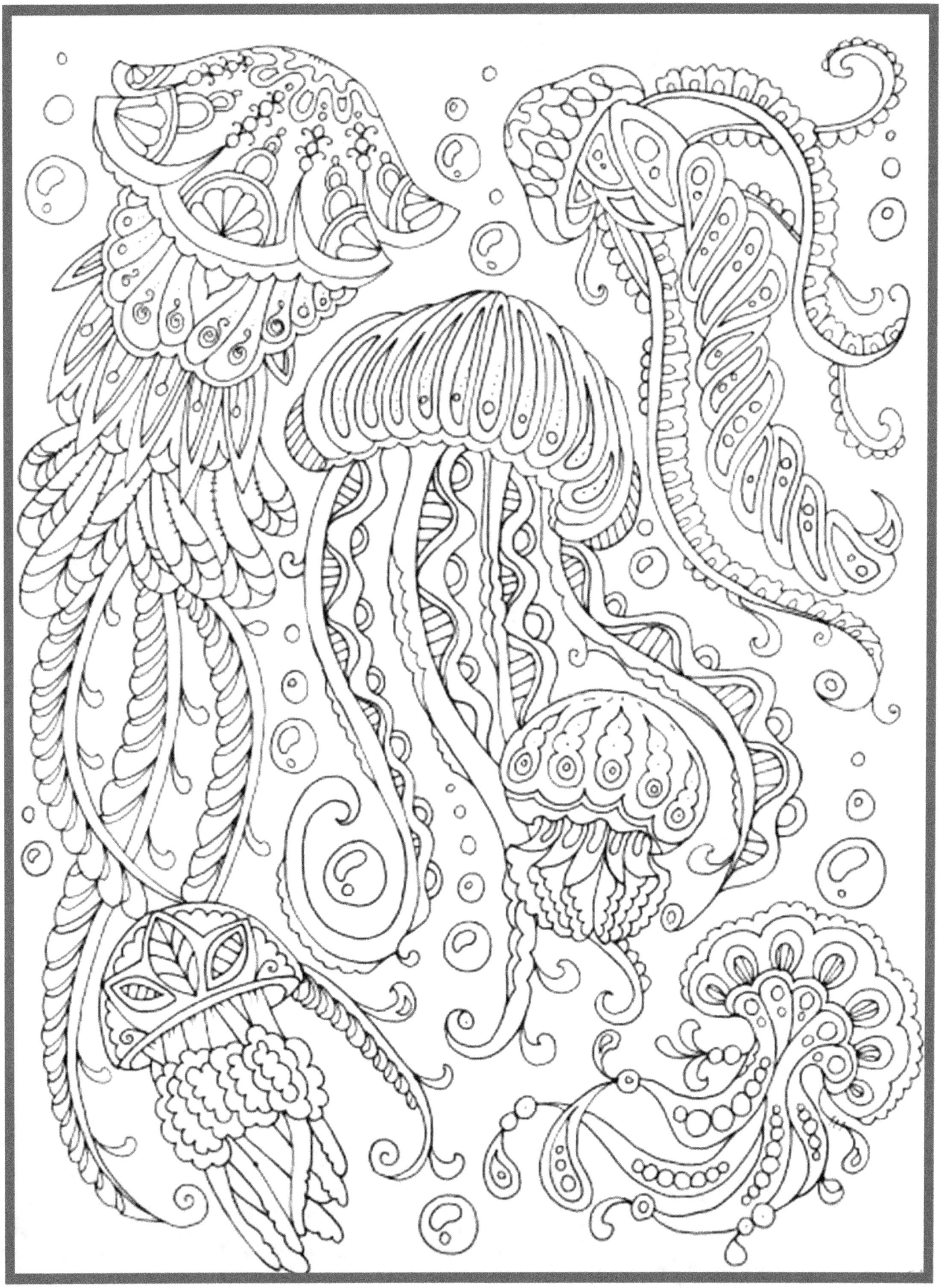

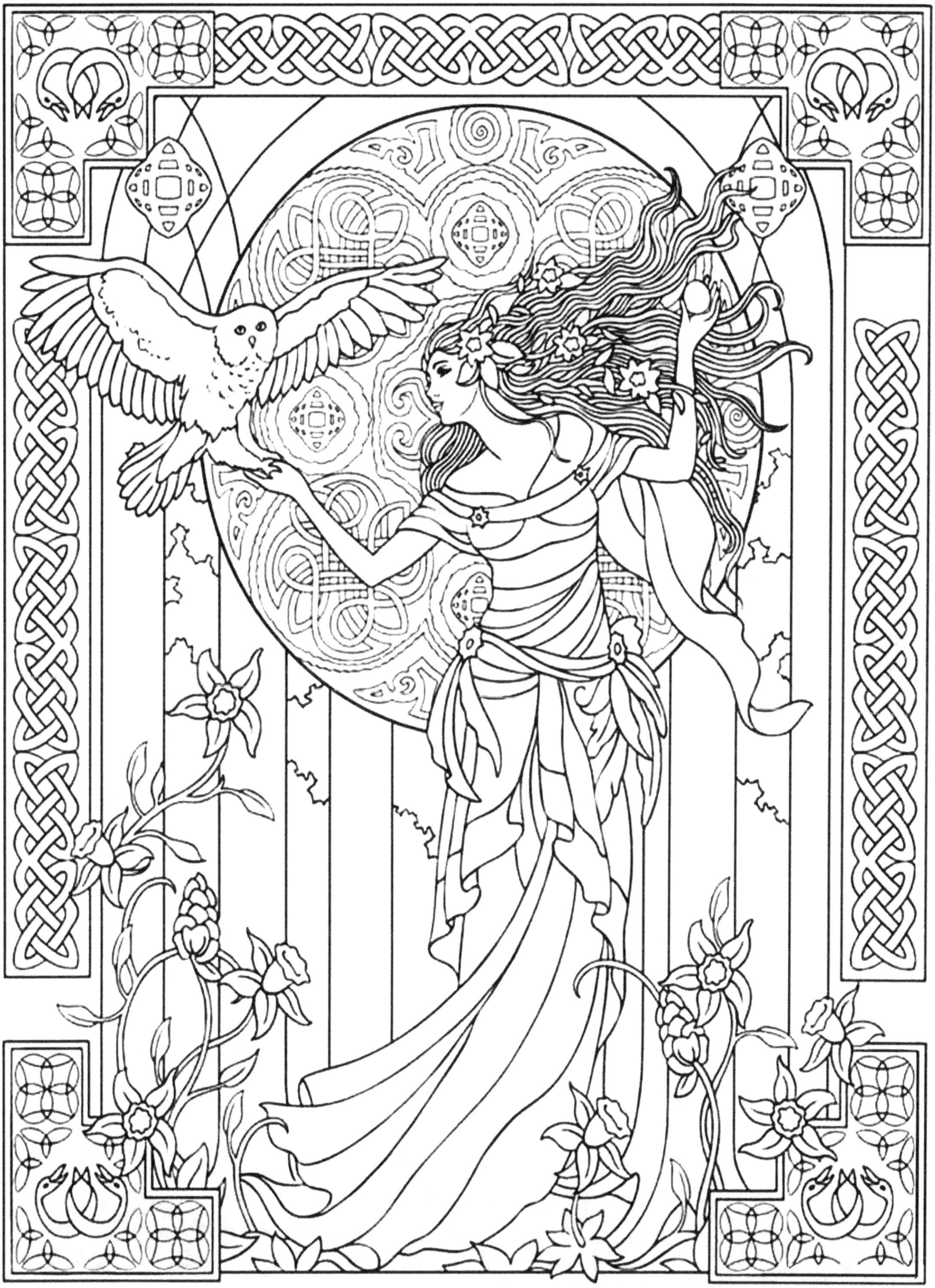

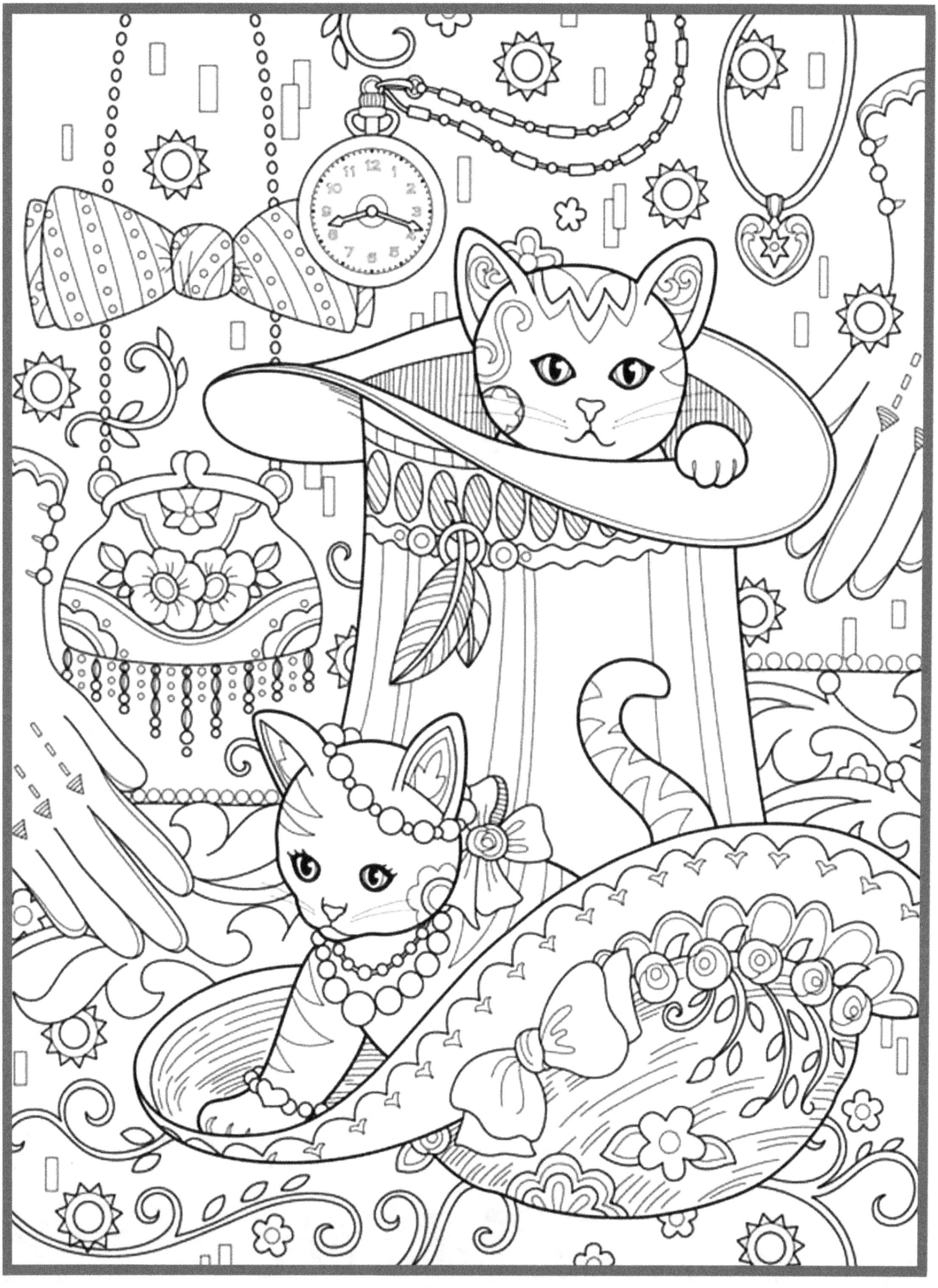

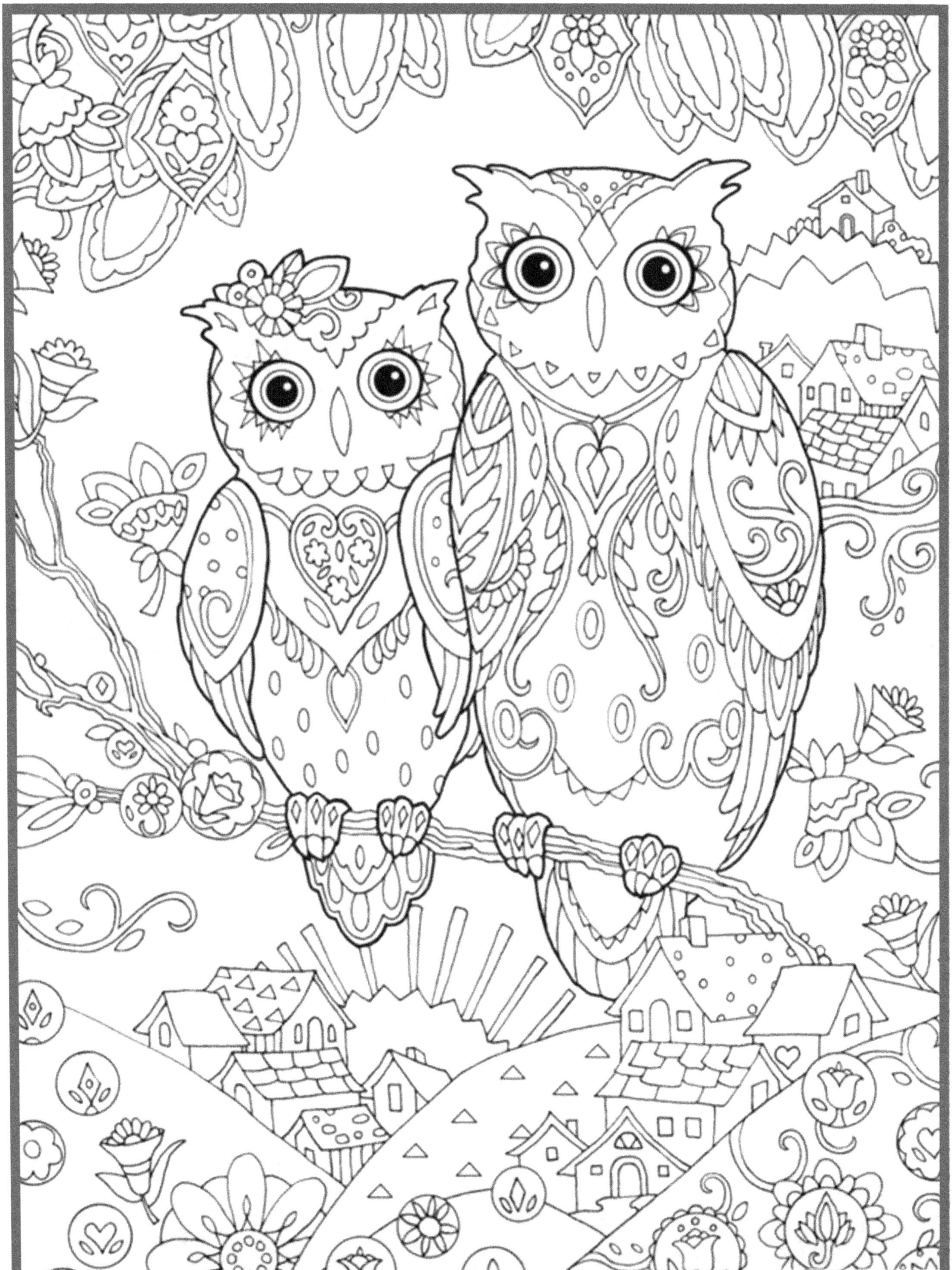

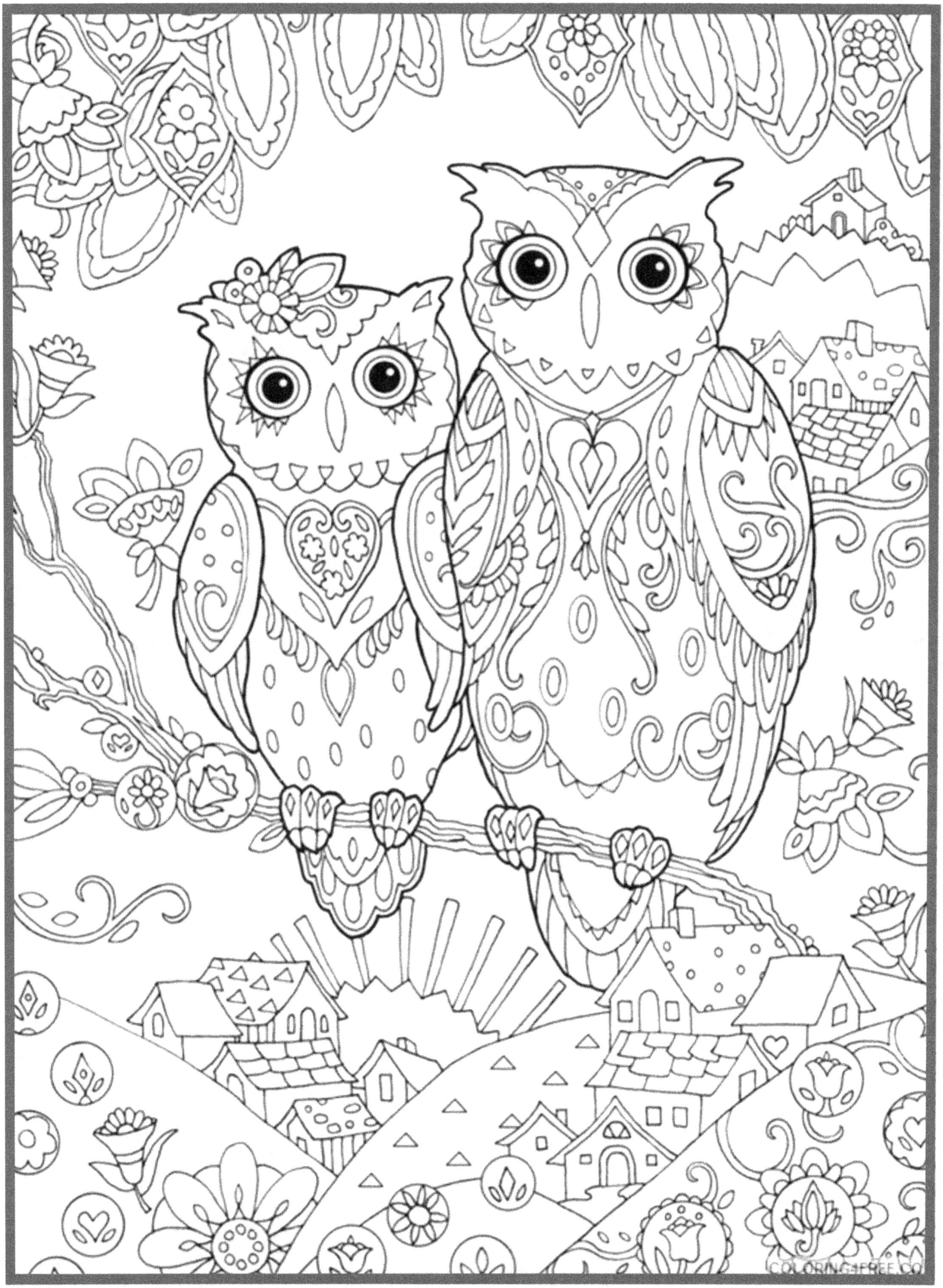

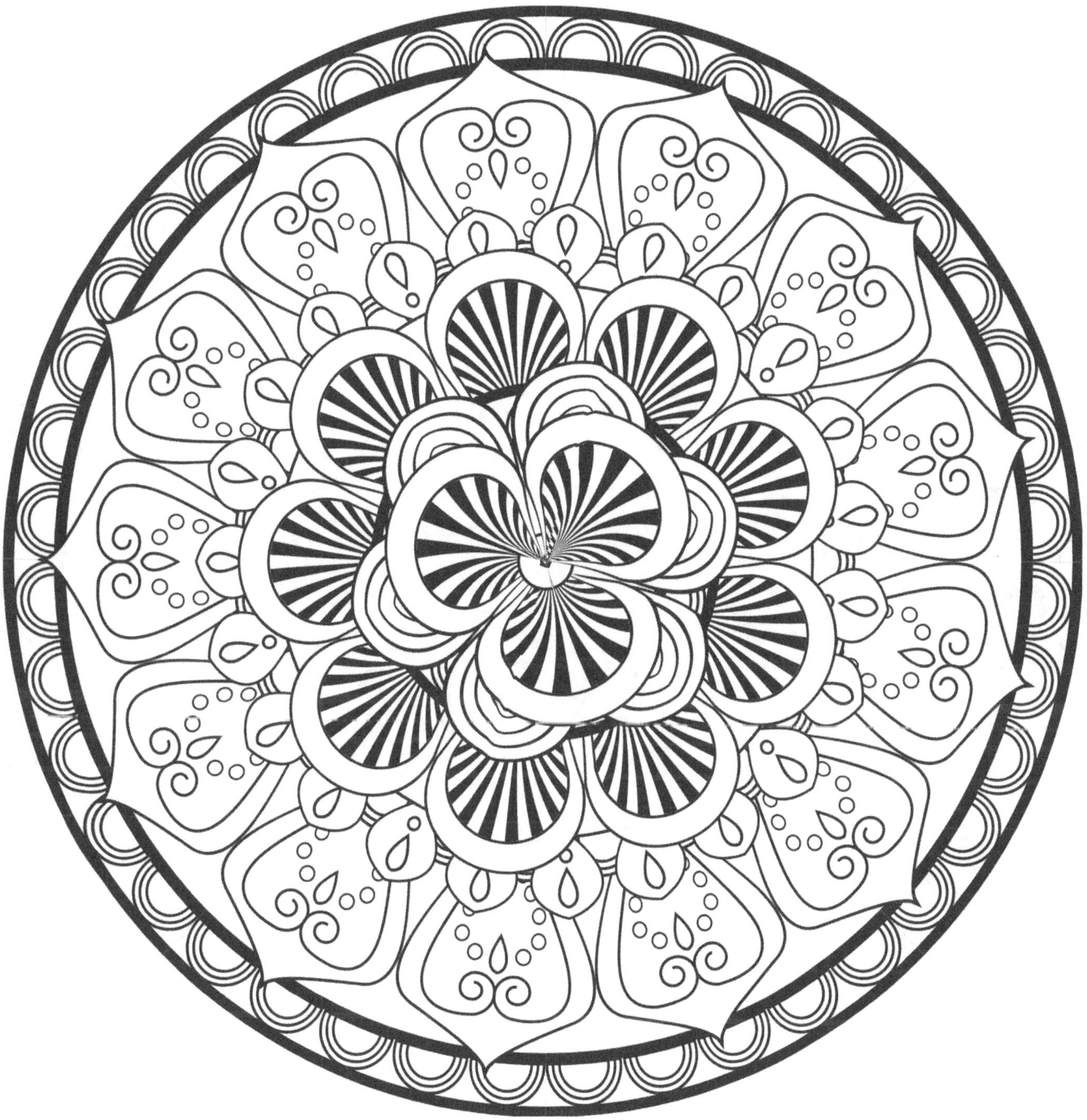

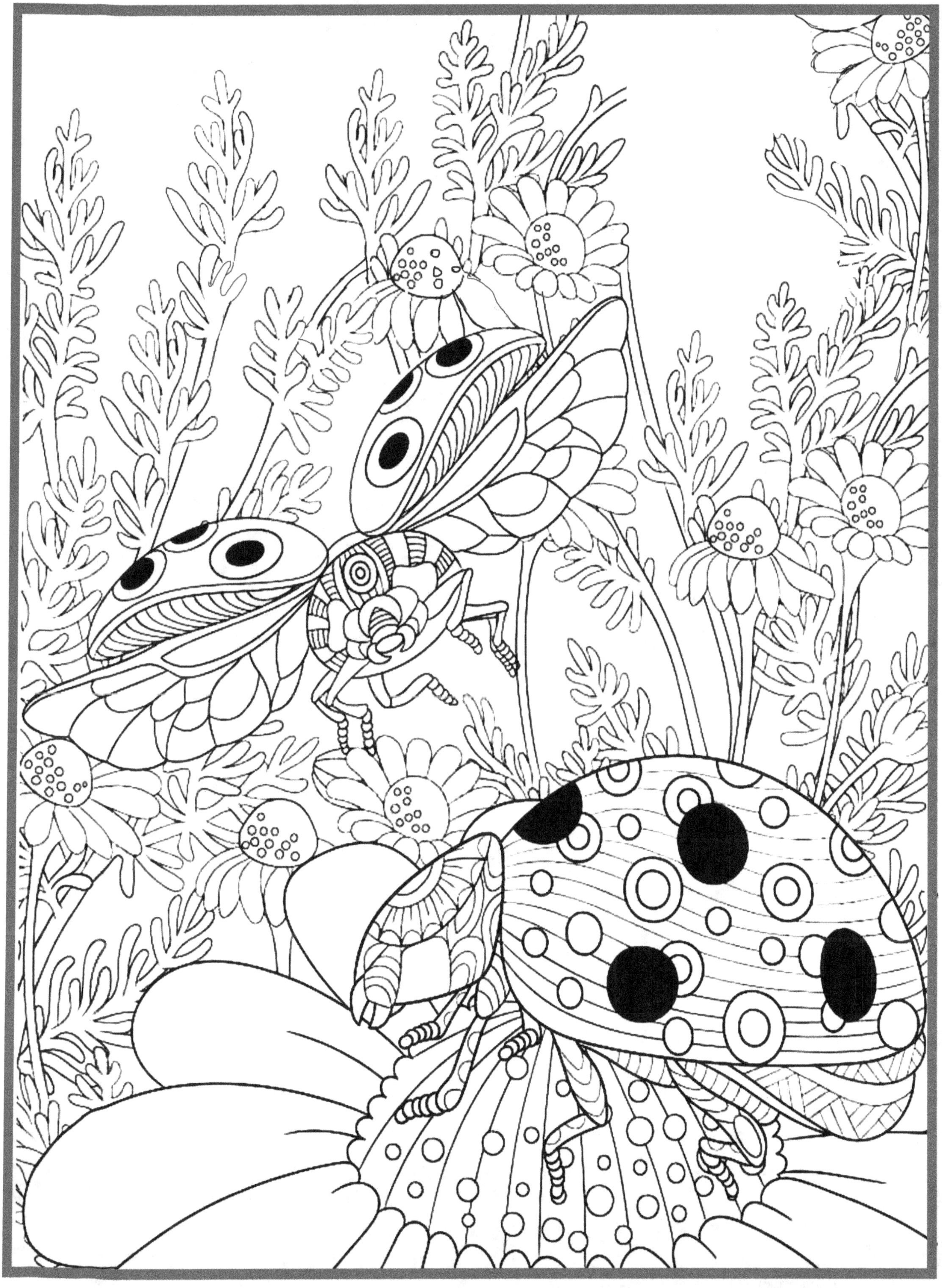

www.ingramcontent.com/pod-product-compliance
Lightning Source LLC
Chambersburg PA
CBHW081530220526
45467CB00010B/3113
* 9 7 9 8 7 2 1 5 9 7 2 8 2 *